BAL À K

Sur les traces de
Louis-Ferdinand Céline

DU MÊME AUTEUR

aux Éditions Grasset :

RIRES D'HOMME ENTRE DEUX PLUIES, 1989. Prix
des Libraires 1990.

LA DUCHESSE DE MALFI DE JOHN WEBSTER
(texte français de Claude Duneton), 1991.

MARGUERITE DEVANT LES POURCEAUX, 1991.

chez d'autres éditeurs :

JE SUIS COMME UNE TRUIE QUI DOUTE, Seuil, coll.
« Points Actuels ».

LA PUCE A L'OREILLE, « Le Livre de Poche ».

PETIT LOUIS, DIT XIV, Seuil, coll. « Points
Roman ».

LE BOUQUET DES EXPRESSIONS IMAGÉES, en
collaboration avec Sylvie Claval, Seuil, 1990.

L'OUILLA, Seuil, coll. « Points Virgule », 1991.

MOTS D'AMOUR, Seuil, 1993.

CLAUDE DUNETON

BAL À KORSÖR

*Sur les traces de
Louis-Ferdinand Céline*

BERNARD GRASSET

PARIS

Les petits trains qui nous attendaient à la gare ont sifflé sur les petits viaducs pour nous emporter vers nos petits destins. Nous avons appris que les routes terrestres tournent en rond autour de la terre, terrestrement.

ALEXANDRE VIALATTE,
Battling le ténébreux.

AVERTISSEMENT

Ceci est un hommage à Louis-Ferdinand Céline. Avant que la page ne soit tournée — et le siècle. La vie, ses étranges écoulements. Tout tourne, c'est un tic terrestre : le temps, les histoires, et les hommes dedans... Céline est entré dans la nuit le 1er juillet 1961, il était revenu en France le 1er juillet 1951, après l'exil au Danemark... Deux dates — et pile dix années pour vivre, coincé de la sorte, jour pour jour. Quand il posa le pied sur le sol de Nice, venant de Korsör, il lui restait dix ans au compteur !

J'ai voulu envoyer un salut à l'artiste, pour ses cent ans — car il avait perçu ses premières lueurs le 27 mai 1894, à Courbevoie... A cette époque-là un écrivain mort recevait des odes. Un littérateur fêté, d'habitude, on lui composait des vers ! Par politesse, pour montrer qu'on n'oubliait pas sa ma-

nière, sa forme sensible... Alors disons que j'ai conçu une «ode à Céline» — à l'occasion de ses cent bougies!... Joyeux anniversaire? Ce n'est pas certain.

D'ailleurs, n'est-ce pas, quoi qu'on écrive sur son dos, il sera en colère — ode ou pas, il se retournera dans sa tombe! Il nous l'avait promis : «Je ne veux plus voyager... c'est trop dangereux... Je veux rester ici pour voir... tout voir... Je veux passer fantôme ici, dans mon trou... Dans ma tanière... Je leur ferai à tous... Hou!... rouh!... Hou!... Rouh!... Ils crèveront de peur... Ils m'ont assez emmerdé du temps que j'étais vivant... Ce sera bien mon tour...» (Bagatelles pour un massacre.)

Ah! une date encore : 1937, Bagatelles... Rien, alors, n'était pourtant commencé!

En descendant du ferry-boat on tombait sur Korsör. Là, sur la carte! Le doigt dessus... Je n'en croyais pas mes yeux : ce port, après la Fionie, après Nyberg, s'appelait Korsör!...

J'avais imaginé cette ville très haut, dans le nord, à des distances épouvantables — sans jamais vérifier. Un bled englué dans le froid désolé de la Baltique. Je me rendais compte de ma bévue, que j'avais toujours vu ça à l'extrême bout du Jutland, au pied de la Norvège sensément... Eh bien non, c'était là! Petite ville basse et blanche : nous allions y débarquer, à peine un quart d'heure... Après toutes ces années de gamberge, d'inventions, Korsör m'arrivait dans les jambes sans que je l'aie cherché.

C'était colossal comme surprise.

J'ai expliqué à ma copine : il s'agissait de l'endroit où Louis-Ferdinand Céline avait passé ses années d'exil au Danemark. Juste après la guerre. Suite à la prison à Copenhague, un ami l'avait hébergé quelque part dans ce patelin — en 1948. Une maison à la campagne... Il y avait passé plusieurs années, malheureux, banni, avant de rentrer en France. Avec sa femme et son chat — le très fameux Bébert!... Avec l'hiver — l'hiver surtout, hantise du séjour... L'aspect banquise de solitudes battues des neiges.

Korsör, pour un célinien, c'est comme Cabourg pour un proustien, mais version tragique. Le lieu mortel, l'exil du poète, où il a souffert — le châtiment de Bardamu... Un lieu saint, en somme !

— C'est excitant ! a fait Coque en s'approchant de la rambarde pour mieux se rendre compte.

Elle utilisait beaucoup ce mot-là, à cause de *exciting*, et de la vie qu'elle avait tout le temps au bout des jambes. Son envie d'agiter les jours...

La ville avançait vers nous doucement, étincelante de lumière : j'en restais comme deux ronds de patate... J'avais tellement rêvé, salivé sur Korsör, moi, trois ans plus tôt, avec mon camarade réalisateur ! Sur la possibilité d'y tourner un petit reportage pour la télé... Oh modeste ! Une visite, un coup d'œil... Nous n'étions pas suffisamment dans les papiers des gras démagogues qui tenaient le tiroir-caisse de la télévision publique, et n'en faisaient qu'à leur privauté... Nous leur avions annoncé : « Sur les traces de Louis-Ferdinand Céline » — un documentaire léger, insinuant mais pas trop, vraiment tendre, dans la manière de Gérard Follin, mon pote... Nous avions rêvassé ces hautes rives, tous les deux, ce septentrion danois.

Coque avait l'eau à la bouche, déjà. Elle a battu des mains :

— On va visiter alors ?...

Elle était comme ça, ma copine, ravie

et anglaise... Enthousiaste tout de suite, à entrer dans les plans où l'on trouvait des choses à découvrir. La veille, à Odense, elle m'avait entraîné chez Andersen, l'homme des *Contes*. Nous nous étions tapé le joli musée tout petit, les plafonds bas de la maison natale, les manuscrits exposés aux murs, biffés par endroits, quadrillés en plaques — aussi les premières éditions des *Œuvres* offertes dans des vitrines bien époussetées, sous clef. Avec des portraits du conteur, ses vieilles godasses illustrament racornies par l'âge... Notre virée en Scandinavie, décidément, commençait drôle. Ça tournait au passé littéraire. Demeures inspirées!... Bien des gens vont reluquer les habitations fameuses, à l'orée des autoroutes — les manoirs chantés dans les souvenirs d'école, où les vers ont des pieds... La joue occidentale du globe est formellement vérolée de ces masures littéraires, musicales.

Justement, pour la télé, nous avions avancé l'argument vendeur aux responsables... Deux pôles à notre enquête : Sigmaringen en Allemagne, et le Danemark : Korsör ! *D'un château l'autre*, et *Nord*, l'après casse-pipe... Il avait fallu déchanter très vite ! On nous avait fait comprendre... Céline, hum, hum !... Oh ! Céline, vous savez... Pourtant nous n'étions pas gourmands, nous demandions une toute petite équipe, réduite au minimum possible, une caméra et un peu de son. Ils envoient des trente personnes d'un coup à l'autre extrémité de la terre, les gens de télé, sur un coup de bluff, sur rien, une paille en croix ! Ça les gêne pas les sous, la plupart du temps !... Nous demandions trois pelés et un tondu, comme nous, pas exigeants — on se serait contentés de sandwiches, bien volontiers ! Des wagons à bestiaux s'il était nécessaire, Gérard et moi. Pas dépensiers... Tout couillons passionnés, à l'ancienne... Et Follin avait déjà créé des pures merveilles avec des bouts de chandelles. Comme toujours son grand talent viendrait à bout des petitesses — et pour Céline nous étions prêts à nous défoncer, faire une jolie chose, en amour de l'art...

Au commencement nous avions eu un peu d'espoir, genre «lueur»... Ils se disaient tous tellement à la recherche du «culturel», les Téléastes et Médisants, dans leurs bureaux en acajou. Doucereux voleurs, experts en ronds de bouche... Ils prononçaient le mot «cul-tu-re» avec une légère torsion des reins... Alors comme dans ce siècle-ci, après tout, il n'y a que deux écrivains français d'influence et de renommée mondiales, Marcel Proust, par ordre d'entrée, et Louis-Ferdinand Céline, nous possédions, à notre avis, comme qui dirait cinquante pour cent des actions!...

Eh bien non! Pas le moindre kopeck pour Céline!... En fait, ces beaux bureaux flambants, pur style, se trouvaient aussi écartés de la culture que la moquette de leur sol, bouclée, était séparée des troupeaux qui avaient fourni la laine!... C'était des mots, des singeries, des alibis pour leurs beurres. Une musique à imbéciles... Ah! si encore nous avions proposé un plumitif à Panthéon! Le chiant prétentieux doreur sur tronche!... La télé dans ce cas nous eût offert l'avion jusqu'au bout du monde! Assistantes, hôtesses, infiniment stylées... Mais là, Ferdinand... Un voyage au Danemark pour ce fumier?... Ils dodelinaient du fanon... L'Allemagne aussi? Comment donc! La porte à côté?...

Il y a des pèlerinages indiscrets : la Poméranie, les champs de betteraves... Ils ne nous ont pas laissé le temps, même de déplier les cartes routières!

Nous avions dû faire *Nord* en carême. Du tournage à la bougie, à l'acétylène... Nous avons fini dans un champ, Follin et moi, au milieu de la Brie, dans la plaine. Un champ de neige, il est vrai, que le bon dieu des vagabonds nous a donné par pur hasard, bon prince — ou peut-être que Ferdinand, là-haut, agitait le nid aux flocons, rigolard de nous voir si mal maqués!

Nous avons pu filmer quelques oies,

et un petit bout de danse par-ci, ballet dérisoire battu sur des bidons d'acier dans la cour d'une gare minuscule de Seine-et-Marne, à l'ombre d'immenses silos à blé. Sans Russes, sans rien... Résignés, sans révolte. Sans même les fameuses betteraves. On nous avait permis cette gare de poupée, pour un semblant de voyage, au froid... Il a fallu engager des enfants pour imiter le bruit des ravages — la guerre en explosions de bouche. Ils nous faisaient des tornades de balles avec leurs petites voix : ta-ta-ta-ta-ta-ta-ta!... Des mômes éperdus de B.D., entraînés à mimer les bombes... Bzziii... Boum!... Un langage de bulle, féerie de papier... Une autre fois! Une autre fois la guerre... Tcha-tcha-tcha-tcha... Bagatelles!... On a fait ça sans un radis, on n'a même pas pu s'offrir des mouettes! Il en voulait, Follin, avec les oies... Puisque Céline aimait les mouettes, et tout ce qui s'envole et s'ensuit... Et nous célébrions l'un des plus magnifiques «artisans de la langue française» de tous les temps, comme disent les gens bien en place, à la fin des banquets d'honneur offerts par les ministères... Ils chient de jolies crottes, après, à nos frais...

Alors, c'est pour dire, Korsör, qui s'étalait sous mon regard, en personne, au bout de la proue du transbordeur, ça me filait une émotion subite. Au plexus, un vibrion désir de voir... Une impression d'autant plus étrange, décalée, avec le beau temps qu'on avait, là, juillet 82 où la chaleur fit fondre le cercle polaire! Le Danemark entier sous les fleurs, la tiédeur, les couleurs vives... Pas du tout comme dans l'image de ma tête, emmitouflé, cotonneux, obscur — célinien pays d'Hamlet... La ville plate avançait sous le soleil, tout sourire, quasiment balnéaire...

Ça ne collait pas du tout avec les imprécations de l'ermite!

J'ai replié la carte, éberlué, rêveur... Je m'attardais à la rambarde pour observer la manœuvre routinière du navire, son arrimage, fignolé par des gars en maillot, bombés du torse, sur le quai... Coque m'a dit : «Viens, il faut descendre...» La D.S. vert pomme attendait en bas, dans la soute... Coque a posé sa main sur mon bras : *«Let's get to the car...»* Nous parlions ainsi, de bric et de broc, elle et moi, en mélangeant les langages.

Et dix minutes plus tard nous foulions Korsör.

Le syndicat d'initiative se trouvait dans la rue principale — une maison à gauche, après la banque, en marchant vers le port. La jeune fille derrière le comptoir ne voyait pas du tout de quoi je voulais parler... Un Français? Dans cette petite ville?... Elle fronçait un sourcil perplexe : aucune idée de la chose, vraiment :

— *I have no idea, sir.*

Jamais alors, elle n'avait entendu parler de Céline? Louis-Ferdinand Céline... J'articulais bien nettement le nom, dans la prononciation anglaise afin de ne pas dérouter.

— *A French writer.*

Ecrivain, très très fameux... Non?

— *Famous!*

Elle rigolait de mon insistance. Ça faisait gag...

— *No! I'm sorry.*

Très polie, certes, bien coopérante... Elle réfléchissait encore un peu, par courtoisie pure — mais non, elle ne voyait rien dans le genre. Ni aucun document qui pourrait... Par ici? A Korsör?... J'étais sûr?... Réfugié? C'est-à-dire?...

J'ai expliqué que ça se passait à la fin de la guerre :

— *Just after the war.*

La demoiselle m'a regardé avec un air curieux sur son aimable personne, que la guerre, n'est-ce pas, ce pouvait être celle de Cent Ans!... Son joli visage blond s'est intrigué, en luisance étonnée, en fixité délicate du coin de sa bouche. Elle m'a demandé dans son anglais impeccable :

— *Do you mean the Second World War?* La Seconde Guerre mondiale?...

Ah, la deuxième, oui! En effet!... Comprenons-nous. Pas n'importe quelle querelle perdue de Vikings anciens! La

guerre, c'est «La Guerre», la Dernière!
Fondatrice de l'Europe...

Dans ce cas, bien sûr, elle avait entendu parler de ce conflit — *of course,*
tout le monde sait qu'il y a eu ça autrefois. Un programme à l'école... Mais
de là à connaître des circonstances précises, des gens d'alors... Elle me fixait
maintenant de toute sa fraîche jeunesse, avec le regret dans ses yeux bleus
immenses qui étaient comme des lacs,
et patati... Le sourire — la gentillesse
tranquille des gens du nord quand il fait
beau. Mais bon... Je demandais un peu
la lune, là, non?...

Bien sûr, je ne m'attendais pas à un
mausolée, si haut en latitude, avec
flèches et plaque commémorative. Ni à
retrouver sa canne, sa vieille pèlerine...
Du poil à Bébert?... Je ne m'attendais à
rien de précis. Mais j'aurais pensé
qu'avec les Français de passage, Céline,
l'été... Ça aurait pu créer un sillon, à
force — un sentier de fourmis: «Ah!
votre écrivain!... Une maison là-bas,
avec un toit de chaume...» A la rigueur

on aurait pointé vers un site immobilier rutilant neuf, mammouth mercantile... Mais là, pas la moindre question! Allusion?... Depuis trente ans — jamais?... Pas un unique amateur de littérature?...

Je commençais à me sentir comme Hérode, vétéran qui a connu les malheurs de l'Histoire.

Je me faisais l'effet de réclamer un parent mort.

Coque me voyait si découragé qu'elle est intervenue pour dire une chose : que j'y tenais énormément à cet homme-là... Elle avait à peu près le même âge que la fille. Le sourire aussi qui ne dépend de rien — ce rire fusé d'une chaleur interne qui ne pèse ni ne convainc. Sans Coque je serais ressorti la queue basse, dans la rue toute droite de nouveau, avec ce sentiment qu'il ne faut plus emmerder le monde — que des tonnes de temps ensevelissent l'amour, et que la terre n'est qu'une boule de fiente pourrie, avec ses frissons de lâcheté qui prennent au creux des épaules et font venir des larmes molles en affrontant le tour qui suit.

Mais Coque a souri à la fille, et la fille *back to* elle.

Ça faisait soleil et réponse, légèreté de vie — et moi pas totalement en dehors de ma tête alors, touriste fêlé, à côté de mes haricots... Que j'étais pas entré dans la cambuse par pure malice d'homme qui a vu la guerre, et la trimballe à son cul en vivant... Malotru venu par venin déranger l'informatrice au moment où elle se préparait à sortir, la journée gagnée, la clef déjà sur la serrure... Korsör est une grosse bourgade. Nous étions les seuls clients dans le bureau de l'agence — et c'était vendredi. Elle allait fermer...

Heureusement Coque a fait *«Oooh!»*... inimitablement : qu'on était dans un *fix* alors, nous deux, pas sortis de l'auberge ni rien...

— *What are we going to do?*...

Elles ont rigolé ensemble, et ça faisait de la complicité sur les ondes du senti-ment. J'avais plus autant la tête d'un revenant... On était une bande de jeunes, on cherchait Louis-Ferdinand.

J'ai expliqué à la fille l'importance de tout : que j'étais français tout de même, oui, oui, et bien vivement intéressé. J'ai raconté un mensonge, que c'était pour mon boulot que j'avais besoin de savoir... C'est cela : journaliste!... Ne jamais avouer que c'est pour le plaisir qu'on veut savoir les choses. Il faut des raisons pesantes pour insister. Du labeur, des obligations... Ne pas déclarer non plus qu'on est vaguement écrivain soi-même, ça la fout mal... Ça fait mythomane, et la personne croit à une insolence... Journaliste ? Parfait ! Avouable... Il y en a plein !

J'ai mis au point les circonstances en deux mots : que notre grand homme avait été menacé, après la guerre — *Second World War*. Céline, chez nous, presque exécuté sans sommation pour forfait d'écriture... A un cheveu! Rue Lepic, à Montmartre... Il s'était réfugié au Danemark, après des tas d'aventures... Je prenais un ton d'historien : de fil en aiguille et d'aiguille en prison, il avait abouti ici, à Korsör. Il résidait dans une maison qui appartenait à son avocat... Son nom? — Ah!... Monsieur... J'avais oublié, malheureusement, le fameux patronyme — un type bien connu!... Toute ma vie j'ai égaré des noms. Et des très beaux!... Enfin je pouvais dire que Céline habitait une chaumière — *cottage* — avec sa femme, dans un endroit retiré près de la ville — et justement, je n'arrivais plus à retrouver comment s'appelait le petit bled non plus!... Je l'avais lu si souvent pourtant!... Les mots danois, n'est-ce pas, sont si durs à capter — je n'avais pas mes notes sur moi, il fallait m'excuser, je ne savais plus... Mais si on me montrait des noms de patelins je reconnaîtrais au premier coup d'œil, sûr! Car j'y tenais vraiment à voir cette résidence d'exil : un grand moment dans la littérature française.

J'ai ajouté qu'il était innocent des maux dont on l'accusait, bien entendu — que des gens, en France, qui en vou-

laient à sa peau, l'avaient calomnié...
En gros!... Mais les Danois avaient
fièrement refusé de le rendre! Et de le
pendre... On lui avait sauvé la vie, ici,
dans ce royaume de liberté et de droit
des gens.

— *Denmark saved his life, you see!...*

La fille, ça lui a fait plaisir... Ça deve-
nait un peu intéressant pour elle aussi...
Son pays s'était comporté comme un
brave homme envers ce malheureux
étranger. Un poète sauvé des griffes de
ses bourreaux!... Elle était même assez
flattée de l'apprendre. Ses ancêtres
avaient eu une très belle conduite dans
l'Histoire, longtemps avant sa nais-
sance*!

— *One minute!* elle a fait.

Elle allait téléphoner au directeur de
l'agence. Il pourrait savoir quelque

---

* Ce qui est parfaitement exact, et pas seulement à
l'égard de Céline. Au Danemark, pendant la guerre en
question, «le roi, le gouvernement, l'administration et la
population ont sauvé de la déportation, avec une exem-
plarité digne de toutes les reconnaissances, 93 % des Juifs
vivant dans ce pays» (Klarsfeld, *Le Calendrier de la
persécution des Juifs en France*, p. 1092).

chose, lui... Juste un moment! Il habitait une maison tout à côté... Mais il voudrait savoir qui demandait tout ça, n'est-ce pas? Il faudrait peut-être que je décline la raison de ma recherche — ma *research*...

Alors je me suis lancé à expliquer qu'il s'agissait d'une émission de télévision, en préparation. Je faisais du repérage, voilà! Pour un documentaire sur Céline en exil — *documentary*.

Après tout, ce n'était faux que par contumace... Le coup de la charrue avant les bœufs, mais à l'envers: l'émission était déjà faite! Je pouvais aligner les références précises: Antenne 2, Paris — jusqu'au titre, si on voulait: *Appelez-moi Ferdinand...* Un simple décalage dans le temps qui amusait ma copine. Je jouais de la relativité comme dans les rêves, en me replaçant là où j'aurais dû commencer trois ans auparavant... Bah! Je pourrais toujours raconter à Follin, au retour!

La fille s'est mise à jacter danois dans l'appareil. On entendait les termes *televi-*

sion, et *Frankenreich* journaliste... Enfin
la chasse à Céline reprenait pour de bon
— ça tournait au jeu de piste à la petite
agence du syndicat d'initiative de Korsör, dans la rue principale, là-haut, à
gauche après la banque, en allant vers
le port...

— C'est excitant ! a répété Coque.

J'ai dit :

— Oui, dis donc, ça prend tournure...

Qu'on n'ait pas l'air trop nouilles...
Montrer qu'on parlait français aussi,
nous deux, maintenant !

Nous avons trouvé facilement le chemin de Klarskovgaard — c'était le nom du lieu : Klarskovgaard!... Le directeur de l'agence, un gentil quadragénaire à grosses lunettes, nous avait tracé l'itinéraire au stylo à bille sur un dépliant. L'essentiel était de bien tourner à droite au sortir de la ville pour s'enfoncer dans la forêt. Il avait marqué les carrefours forestiers, dessiné des flèches... Coque étudiait les tournants, le nez baissé sur le croquis, et relevé tout de même pour goûter au paysage — elle me pilotait.

Le directeur lui-même n'était nullement au courant de cette affaire d'écrivain français réfugié — nous étions les premiers à l'évoquer. Mais j'avais saisi au vol le nom de Mikkelsen, l'avocat autour duquel tournait toute l'histoire locale.

— Mikkelsen?... Voilà l'homme que
je cherchais!

Justement, celui qui logeait Céline...
Un type très fameux apparemment
dans le secteur de Korsör — un grand
homme! Savant, lettré, et vaguement
bienfaiteur régional... Mais il était mort.
Ah oui, belle lurette!... Nous pouvions
visiter son tombeau, du reste, une
œuvre magnifique — il nous conseillait
le détour, là-bas, chez lui, à Klarskovgaard!...

Ainsi je remettais les bouts ensemble,
grâce à ce fil d'Ariane : Mikkelsen, mort
ou vif, nous conduirait à Ferdinand... Il
suffisait de se rendre sur les lieux
mêmes, le directeur d'un «Centre» —
notre guide disait *the Center* — nous raconterait sur le bout du doigt tout ce
que nous voulions connaître. Un type
affable, ce directeur, féru d'histoire! Il
se ferait une joie de venir en aide à un
journaliste français — notre ami allait

le prévenir au téléphone, et nous aurions là-bas, au *Center*, mon assistante et moi, le meilleur accueil!...

Le cheveu, c'est que je ne saisissais pas bien ce que pouvait être ce *Center*... Céline n'habitait pas un «Centre»! Je revoyais la petite maisonnette avec sa grosse patate de cheminée sur le toit qui traîne dans les documents céliniens... Mais l'homme avait parlé de «cottage», donc les espoirs demeuraient permis. Nous flottions de bonheur entre les grands arbres, sur la route étroite en forêt. Je conduisais lentement. Coque me prévenait des coudes, des bifurcations... Elle disait : «Ça va être à gauche, normalement»... On s'arrêtait pour lire les panneaux qui confirmaient la direction. La difficulté aiguise le suspense : qu'allions-nous trouver au bout du chemin?...

Le soleil de l'après-midi se coulait dans les trous de verdure, rasant les troncs de très haut. Les immenses fûts de chêne, de bois dont j'ignore les noms — quand on est poli on dit des «essences» —, déployaient leurs ramures épaisses en voûtes ininterrompues, touffues, luxueuses, telles que les dessinateurs aiment à les représenter pour illustrer les contes du *Petit Poucet...* Certains dégagements, en bordure de la route, s'illuminaient de trouées sur le ciel — ça faisait des morceaux de clairière. Les herbes élancées des talus, vivaces, regorgeaient de fleurs — des pétales inconnus, des dentelles mauves, bistre, des chapelets frêles...

Coque débordait d'entrain, je devais porter les yeux partout :

— *Oh! look at that, Glaudi!...*

Elle voulait qu'on s'arrête — cueillir ces herbes nouvelles, des plantes jolies... La beauté des herbes, c'est la vie.

En tous les cas, nous avions de moins en moins à faire à une «lande déserte», comme il est inscrit dans les textes sacrés. *D'un château l'autre* fourmille de descriptions outrageuses. Céline y décrit une toundra glacée, les abords arides de la banquise... Klarskovgaard, pourtant, pas d'erreur de lieu!... Mais ça ne ressemblait pas du tout — aucun lien avec les vastes étendues désolées que j'avais en tête, et qui m'avaient fait situer le coin dans un septentrion inaccessible, au fin bout du monde habité!

Tout à coup la forêt nous a pondus sans crier gare, au bord d'un pré... Et là, devant nous, au détour des arbres, une énorme chose se dressait — une construction jaunâtre, massive, en léger contrebas... J'ai compris : *le Center*! Mais alors saisissant! La colossale bâtisse en brique beige, arrondie du haut, presque ovoïde... Et longue! au diable!... Le truc planté en pleine clairière, entre les derniers chênes et l'herbe du pré. Avec la mer à l'autre bout, en face...

Center de quoi?... De vacances, nous l'avons appris. Et allemand... Edifié par un groupement de banques germaniques pour agrémenter les congés de leurs employés. En même temps cela sert de centre d'accueil lors des colloques, des séminaires financiers. Le nouveau Klarskovgaard, sur l'ancienne propriété de maître Mikkelsen, s'avérait gigantesque... La plage, au bas du pré, demeure privée.

Ma D.S. sale, poussiéreuse, avec ses ailes flétries, ses flancs enfoncés, a produit un curieux effet sur le parking, auprès des Mercedes luisantes, des B.M.W. Un couple qui passait — bermudas, sacs de plage — en rigolait de bon cœur... Ils se bidonnaient tout haut, de la gorge, en reluquant la pauvresse, leurs bouches élargies au milieu des coups de soleil... *Frankenreich* dis donc! Viens poupoule!... *Ach!*...

Dans le hall joliment architecté, deux filles au comptoir, avec badge sur le sein gauche... J'expose un peu mon affaire : je voudrais voir le directeur, le *manager* du *Center*, au sujet de personnes qui vivaient ici, autrefois — au Moyen Age...

Les nénettes demeurent coites, les yeux ronds en face des trous... Elles tirent la gueule un peu, et n'ont pas l'air de bien comprendre l'anglais — germanistes avant toute chose. Plus on s'élève dans l'échelle économique, partout, plus l'anglais devient évident, aisé, aimable...

L'une d'elles a soulevé le téléphone : « Klic, klac, klac, ta dac-tac... » Elle repose le combiné :

— *Wait!* qu'elle fait, sévère.

Dans les trois minutes une autre jeune fille est arrivée — le Danemark est un pays comme ça : des filles et des fleurs. Ou bien seulement dans la saison chaude?... La nouvelle est sortie prestement d'un couloir, ouverte, vive, charmante. Présentations : assistante personnelle du directeur — le bureau d'information l'avait prévenue, en effet, de notre visite... Par infortune, son patron était déjà parti en ouikinde! Il nous faudrait revenir lundi... Quel dommage et manque de pot!... Mais lundi, il sera là!... Et ravi de nous voir, elle en est certaine!... *Sure!...* Son chef est un homme cultivé, ah! historien jusqu'au bout des ongles! Il déroulera notre écheveau sans peine... Elle a l'air pénétrée de certitude la fille, je me demande si cet homme ne lui déroule pas autre chose, à l'occasion, mais bon...

— *He knows everything!* Il sait tout.

Décidément on ratait quelque chose. Mais nous ne pouvions pas attendre le retour de cet érudit providentiel... Où serions-nous lundi? A dache... Nous roulions à l'abandon, par soif d'images, de pays à pays, boulimie de terrain. On se dirigeait au pif, vers le cercle polaire, si le père Noël permettait — au cas où la vieille bagnole voudrait bien tenir jusque-là... Korsör nous était tombé sous l'œil, d'accord, mais de là à stopper la machine...

Je me suis souvenu, soudain, que j'étais journaliste — en mission! Ça expliquait d'ailleurs l'empressement de cet accueil navré. J'ai demandé si, des fois, en attendant, on ne pourrait pas entrevoir l'endroit? Juste le site... Connaissait-elle personnellement l'existence d'une maisonnette où avaient séjourné monsieur et madame Destouches?... Hein?... Un simple regard.

Tout ce qu'elle savait, que le boss lui

avait raconté; des Français logeaient jadis dans le cottage, là-derrière... Oui, un écrivain! — Oh! à deux pas seulement! Là, derrière la porte... Elle nous montrait le fond du hall... Mais hélas ce cottage se trouvait occupé, présentement, par une famille de vacanciers allemands — ils étaient à la plage, pour l'heure, elle avait vérifié. On ne pouvait pas visiter en leur absence, bien entendu. Mais lundi, alors, tout ce qu'on voudrait!...

J'étouffais. J'ai dit que tant pis, je voulais bien voir l'extérieur seulement... Les murs, même de loin! Même l'horizon... Le temps d'un clin d'œil!... Ça faisait un peu corniaud, certes, pour des professionnels, de se contenter de l'aspect de la cabane! Nous tournions midinette... J'ai essayé de noyer ma demande dans une coulée de culture aiguë — l'homme au courant des faits, je citais des dates : les réfugiés avaient vécu ici jusqu'au printemps de 1951...

— *I wasn't born!* a dit la fille — elle n'était pas née.

— *Neither was I!* a fait Coque, rigolarde aussi, que c'était tout du temps perdu, ancien, poussière d'enfance...

Du coup la demoiselle nous a guidés vers l'arrière de ce hall brûlant... Un aperçu, elle voulait bien... Une photo aussi, pourquoi pas? Coque avait toujours son petit appareil... Elle a ouvert la porte qui donnait sur le pré...

Et là, à trente pas, nous avons vu la maison rouge. La maison basse, tout près du bois... Tassée au bout d'une motte verdoyante, comme une vieille dame que l'on visite dans sa chambre.

— Voici la chaumière! a déclaré la demoiselle.

Mon cœur battait... Midinette, oui! Je m'en fous!... Nous avions tellement désiré cette vision-là, naguère, nous deux Follin!... Enfin je l'avais sous les yeux la bicoque de légende. Rouge des murs, à la nordique. Avec un gros toit de chaume dessus, épais — et la cheminée carrée... Ça fait un choc. Je comprends les pèlerins, ceux qui ont beaucoup marché, des mois, des semaines,

quand ils parviennent au sanctuaire...
Pleine face! Ils se prosternent obligatoi-
rement. Par pur réflexe!... Moi, là, je
m'agenouillais doucement, en marchant, dans ma tête. Et j'ai vu des
proustiens à Cabourg, le Grand-Hôtel.
Ils ont des mines aussi stupides, le visage un peu éclairé, comme égarés
d'attention surprise... Car la réalité qui
se déverse en bloc sur des années de
rêve, de constructions intimes, ça fait
une tache d'huile qui s'étale et détrempe
la vision.

Coque marchait devant, jasant avec
la fille... On suivait un sentier taillé à la
tondeuse tout droit dans l'herbe haute,
entre le *Center* et le devant de porte. Ça
sentait bon le foin. Il faisait chaud, de
cette chaleur de vacances contre les
arbres touffus en lisière de forêt.

— *Nice weather!* disaient les filles...

Juillet 82, en effet : la canicule
comme un incendie aux quatre coins de
l'Europe... D'ailleurs notre guide expliquait qu'ici, à Klarskovgaard, il faisait
toujours bon. On jouissait d'un micro-

climat dans cette anse : un filet de Gulf
Stream dévoyé venait lécher le rivage...
Et puis la protection des arbres, l'orien-
tation ensoleillée : c'était le coin le plus
chaud de tout le Danemark, disait-
elle!... Elle en parlait comme d'un morceau de Côte d'Azur — du reste pour
cela que les Allemands avaient choisi
d'y construire le *Center*.

Ça ne collait pas avec la vision interne... Pas du tout! Où elle était sa
toundra, à l'autre?... Ses descriptions
calamiteuses d'un climat souveraine-
ment inclément?... Bien sûr, sous la
neige le coup d'œil devait être différent,
mais à présent, au milieu des fleurs,
j'avais du mal à rétablir... Et puis
l'habitation elle-même, je voyais, nous
étions devant : pas si petite que ça la
baraque, au fond. Propre... Ils avaient
dû restaurer depuis l'époque : toit de
chaume frais et joli... Une chaumière,
techniquement parlant, mais plutôt
grandiose!... Une auto dans l'encoignure
— B.M.W. bleue. Des chaises longues
abandonnées après la sieste, «transats»

négligents... Les occupants devaient être au bain, là-bas, à deux, trois cents mètres. On aperçoit la mer dans un trou de verdure. Une belle plage il y a...

Il avait charrié, Ferdinand, en somme. Retenu seulement le côté dur et souffrant de ce paysage tranquille. Pas un mot du balnéaire : «Nous avons tenu là-haut pendant quatre hivers... presque cinq... par 25 au-dessous... dans une sorte de décombre d'étable... sans feu, sans feu absolument, où les cochons mourraient de froid... je dis!... or donc, entraînés nous sommes!... tout le chaume s'envolait... la neige, le vent dansaient là-dedans!»...

Ça ne paraissait pas possible ce point de ruine — même compte tenu de l'été exceptionnel. Même avec ce retapage de «l'étable» nickel à l'usage des Germains — et c'est curieux, quand on est dans Céline, on pense «Boches»...

D'ailleurs ce que raconte Milton Hindus, leur visiteur américain d'après-guerre — 1948, au moment de l'installation —, ne colle pas non plus très bien avec la vision célinienne. Hindus, professeur... L'ami juif des correspondances littéraires, venu se brûler à la flamme perfide du génie — viré ennemi ensuite, littérateur amer sur l'air de «Ah fallait pas y aller!»... Tout de même, l'un des rares voyageurs à avoir constaté *in situ*, au bon moment, l'état des lieux. Il affirme que la maisonnette se trouvait en réalité bien plus confortable à l'intérieur qu'on ne pouvait le supposer du dehors...

J'avais une impression de décalage — des images déboîtées. Le sentiment d'avoir été attrapé par les hurlements des textes : la Sibérie, la terre la plus inhospitalière du monde!... En réalité c'était plutôt coquet. Abrité du vent, j'ai dit... L'idée que nous avions toute prête, avec mon copain Follin, l'immensité d'une côte déserte, aride, battue par les orages et les giboulées de neige — ça ne tenait plus!... Est-ce qu'il nous aurait roulés dans la farine, le chantre des catastrophes? Rien que des plaintes truquées?...

Bal à Korsör

Il me revenait des propos : les conversations d'un ami, un semi-Danois qui avait bien connu les lieux une dizaine d'années après les événements; il fréquentait les anciens régisseurs de Mikkelsen. L'homme et la femme lui avaient raconté des choses désagréables sur le couple Destouches qui, entre autres, flambait des feux d'enfer tout le temps, selon eux... Ces braves gens se déclaraient époustouflés par la quantité de bois qu'ils brûlaient dans la cheminée — des stères et des stères!... — Qui croire?... Ragots malveillants de la part de ces gens du Nord habitués à des feux modérés, campagnards?... Probablement — ils n'aimaient pas Céline, les deux. Mais tout de même, y a-t-il tant de fumée sans feu?... Il est possible, en effet, que les Parisiens liquidaient le combustible tellement vite qu'ils se sont plusieurs fois trouvés à court de bûches. D'où la rogne, la panique momentanée?...

Coque, me voyant rêveur, avait entrepris de baratiner la fille afin de me donner du temps de gamberge. Le tact, l'attention gentille — elle connaissait mes lubies. Je les entendais papoter toutes les deux sur l'Angleterre, la vie ici, des choses pratiques. Je sentais dans le ton le mélange d'intérêt réel et l'occupation du terrain.

Il me revenait plein d'anecdotes que mon camarade François Marchetti m'avait confiées. Sur la bouffe par exemple... L'histoire de Bébert, que lui-même tenait, non plus des régisseurs, mais du boucher de Korsör en personne. Cet homme livrait la viande ici chaque semaine. Il apportait exprès pour les Français un beau rosbif d'un kilo, bien soigné, qu'il choisissait dans sa meilleure viande. Les amis de maître Mikkelsen devaient être bien traités, malgré les restrictions et la dureté des temps, les tickets... Le boucher fidèle, là, consciencieux — il se fendait en quatre pour la qualité : rosbif fondant, bien tendre, qu'on réserve aux clients sérieux.

Or, un jour Céline lui dit d'un ton agacé : «Vous n'avez donc pas autre

chose? — Comment ça?... — Ah! du rosbif, toujours du rosbif!... Il en a marre,
vous entendez!»... Avec des gestes,
probablement, pour s'expliquer.

Mais qui ça, «il»? s'enquit le vendeur
de chair fraîche. Qui diable était de la
sorte saturé de ce morceau de roi?... « Eh
bien, le chat, voyons!... Bébert, quoi! Il
commence à ne plus pouvoir blairer le
rosbif, ce pauvre animal!»...

Le boucher avait failli tomber à la
renverse. C'était donc pour le chat!...
Lui qui depuis tout ce temps se défon-
çait pour leur être agréable! Des années
plus tard il racontait à François son
trouble, sa déconvenue. Il ne s'était jamais remis de ce scandale — une bles-
sure d'après-guerre!... Les Céline étaient
d'odieux végétariens : la viande dé-
lectable, dont il privait d'autres pratiques, destinée au chat!

J'ai fait quelques pas, en m'écartant
des filles, sur l'herbe tondue devant la
maison. Je ne sais pas si d'autres font
ça, moi je me mets en veilleuse, à ma
manière; je m'abstrais. Je me plante en

un lieu, assis ou debout, et je laisse venir les sensations du dedans. Je me replie pour ainsi dire, en aspirant les ondes éparses... Alors là, au moment où je recevais la paix immense de ce paysage, tandis que je songeais qu'ils n'étaient pas si mal lotis, en somme, les Destouches, j'ai éprouvé une sorte de panique. Une inondation brutale d'ennui ravageur... « Mais qu'est-ce qu'il a dû se faire chier, Ferdinand ! » je me suis dit au bout du compte. « Dans cette riante nature ! »... J'ai senti très fort, en vague cinglante, l'épaisseur de son désespoir dans ce pré.

En vérité Céline a transposé les malheurs : il a changé l'hostilité du monde en plainte contre le froid, le nord. Parlé de lande, d'aspect désertique... Il s'agissait de l'absence de gens — le manque d'hommes, de femmes, de tous les copains, de cette population grouillante qui faisait sa vie. Le vide mutait, se transformait en absence de relief au milieu de ce silence où il n'y avait rien à voir, aucun humain, rien à mater nulle part... Ils étaient là bien seuls, lui, Lucette, Bébert et la chienne — Mikkelsen, homme rare, vivait surtout à Copenhague. Et c'est vrai que la campagne, partout, est bien éternelle, statique, avec «des maisons où il n'y a jamais personne»...

Il a dû s'emmerder comme ce n'est pas possible! Un ennui déchirant — loin de tout, de tous. Ecrivain célèbre, illustrement oublié!... Renié, bien pire! Voué à l'échafaud encore, cela vous agite, c'est plutôt marrant... Mais ce rencard en forêt? Oubliettes vertes!... Au coin du pré, Céline! Avec la mer Baltique pour dernier terrain vague, au bas du pré... Ils devraient poser une plaque, un jour, sur ce cottage historique: «Ici s'est fait chier à mort l'un des plus grands écrivains de tous les temps.» En V.O., ma foi, ça ne vexerait personne...

A la campagne il faut avoir des choses à faire, des travaux physiques, des tâches à accomplir — sinon le désespoir où nous nageons comme des têtards dans l'eau de vaisselle se trouve renforcé, magnifié par le vide champêtre. Le désert spirituel niche sournoisement sous les somptueuses frondaisons — il y pond ses œufs... Jadis les anachorètes aimaient Dieu, leur seule force. C'est Dieu qui réglait leurs jours, leurs nuits... Sans Dieu, pas de solitaires aux champs, retirés — jamais non plus de cénobites!... Pourquoi voit-on que les ruraux, de par le monde, sont demeurés croyants si longtemps?... Par sottise?... Que non! Au contraire : par ruse... Par finesse existentielle. Pas de champ arpenté sans croix de pierre, pas de croix sans génuflexion... A la campagne il faut s'agiter l'âme pour ne pas voir le vide. Il faut aimer le Créateur — et accessoirement aimer à tuer ses créatures... Devenir chasseur! Pour le moins, animé d'intentions violentes... Sinon l'arme se retourne lentement toute seule, vous vise au cœur — vous brise... La campagne c'est comme la mer : on en revient « si Dieu le veut ».

Bal à Korsör

A Klarskovgaard il y avait les deux.
L'eau et la forêt... Céline mystique serait venu par choix dans ce pré — il y
aurait planté des reposoirs, un calvaire.
L'extrême dévotion nécessaire — un
calvaire absolument! Moine battu, avec
la haire... Mais se trouver là sans espoir
de rien, ni certitude, ni avenir! Au-delà
des poules, à cinquante-quatre ans, à
prendre les années devant cette fin de
terre, le bout du Seeland... Micro-climat
mon œil! Le gouffre insondable à vous
foutre des insomnies en attendant la
mort. L'oubli où Céline se trouvait jeté,
tandis que les autres, là-bas, s'arran-
geaient de son absence. Les rivaux!...
Ils occupaient son théâtre, sa Butte!
Soufflée!... Ils prenaient tous les rôles,
ils lui volaient le sien... Des écrivains se
faisaient un fromage sur son oubli, en
France. Des gens de moule, bien-pen-
sants! Dans la tendance... Et qui son-
geaient tellement à tort et à travers,
eux aussi! On se rend compte à présent.
Pas si simple...

Et c'est encore plus dur d'être proscrit quand on ne vit que de prose, qu'on ne respire que la musique des mots d'une langue que l'on n'entend plus crier qu'en soi. Au-dedans — au fond d'un puits, avec cet écho déformant, cette résonance qu'ont les puits. Une langue réfugiée... Ne plus avoir le retour du son, c'est terrible! L'évolution même des vocables, les mots nouveaux qui fusent et caracolent, là-bas, au pays, et qu'on ignore... Etre largué, quoi, sur tous les plans. Marron!... Au sens de l'esclave infidèle abandonné sur une île. Céline était fait marron sur l'île de Klarskovgaard... Ça me frappait.

Je ressentais une envie de pleurer tout à coup, dans la poitrine, et je savais qu'au fond il n'avait pas menti.

J'imaginais assez bien les dégâts sur la personnalité de l'écrivain — un peu double. Une moitié du bonhomme frôlait la déraison, l'autre tenait le fou en laisse... Une part de lui rigolait de voir l'autre divaguer. Observer toujours!... «Voyeur à mort», son principe... Il se laissait agir, se sermonnait ensuite — il y avait véritablement Louis, et Ferdinand. Louis, le docteur, jugeait Ferdinand l'histrion. Ainsi toujours probablement, depuis leur jeunesse. Louis avait fait médecine, Ferdinand avait fait le con.

Beaucoup de ses écrits sont des dialogues, en réalité. Des conversations entre lui et lui... Pas que le *Professeur Y*... Tout *Bagatelles* est tissé de la sorte : Céline se donne la réplique, se relance... Un long duo entre Gutman et Ferdinand. Mais somme toute, si l'on veut bien observer, Gutman, l'homme au sang-froid, c'est lui, juif et tout... C'est lui-même qui ramène l'autre délirant dans les bornes du sens commun. Un effet de rhétorique, je le veux bien, mais les arguments de Gutman, ce sont aussi les siens, à lui Céline, contre lui Ferdinand! «Mais tu délires Ferdinand!... Nom de Dieu t'es saoul!»... Voilà comment il lui parle. «Mais je vais te faire interner! Je te jure!... T'as beau être confrère!... Ça ne va pas traîner.» C'est à lui-même qu'il s'adresse, au fond, qu'il met les points sur les i, bien fermement... Ou bien il se conseille : Gutman, calme, lucide, prophétise à sa façon. En 1937, *Bagatelles*! Attention!... C'est pas du réchauffé : il lui explique, Gutman, encore une fois soyons clair, à Céline — et Gutman, c'est qui? Louis Destouches? Il lui affirme bien posément :

«Tu vas te faire avoir, Ferdinand, dans la voie que tu t'engages... T'auras le monde entier contre toi, figure de légume!... Ce sera pas toujours facile de te faire passer pour inconscient... T'es un genre de fou qui raisonne... Les gens peuvent pas toujours savoir... Ils se trompent des fois... Ils peuvent se méprendre... Tu peux vexer des personnes... Tiens! Moi qui te veux du bien... Je t'ai jamais trompé Ferdinand... Je t'ai jamais tendu des pièges... Je t'ai jamais dit : "Tu peux y aller"... que c'était une entourloupe?... pas vrai?... Hein... dis-le...

— Gutman, c'est exact!...

— Alors je te dis, moi nègre, Ferdinand, laisse tomber ces affreux propos...

viens avec nous... tu seras content... t'es indigène?... tes frères de race, comme tu les nommes, ils te chient sur le tronc...»

Les dates, c'est parfois révélateur: 1937, j'insiste! Avant Munich même!... Pour du prémonitoire c'était réussi! Grelottant de pressentiment. Une fièvre de pythie, convulsion de Cassandre... «Ce ne sera pas toujours facile de te faire passer pour inconscient!»... S'il n'y avait pas les pages imprimées, très rigoureusement datées, on croirait à la supercherie... On dirait qu'il a écrit ça en 1948, à Klarskovgaard, en comptant les points de la rebelote, les dégâts...

Et quelques pages plus tard dans l'ouvrage, malgré tous les signaux qu'il a pu se faire: non, non! gaffe! l'animal s'attaque à Staline! Culot!... Il raillait les Soviets, comme ça, de front!... Il racontait à Gutman son voyage là-bas, en Russie — qu'il y avait observé une nouvelle façon d'avoir de quoi frire, et de l'aisance plein les poches. Le côté du manche, comme partout... Pas du communisme: de la magouille! De l'asservissement de prolétaire... En 1937 c'était beaucoup trop tôt! Il est miraculeux qu'on ne l'ait pas zigouillé tout de suite, le zigue, avant le grand chambardement! Une distraction incompréhensible, vu les mœurs de l'époque...

En 1937 Céline inventait le rap sur le dos des communistes d'Union soviétique. Un ton gouailleur, persifleur à tuer! «Tout d'effrénées louanges, je serai ruisselant!... Favorable aux Soviets?... Phénoménal!... diantre!... Epris au point d'ébullition!»... Une mascarade goguelue qui lui eût valu le cimetière anticipé, normalement... Après s'être averti soi-même, par soi-Gutman, voilà ce qu'il ose dégoiser, en pleine gloire de Staline qu'il était allé voir de près, refusant de se laisser aveugler par la parade :

«En définitive, c'est simple pour drainer la sueur et le sang du peuple, les Soviets chéris c'est les pires, les plus intraitables des patrons, les plus diaboliques, les plus acharnés des suceurs!... Les plus ravageurs exploitants... Je dis diaboliques, parce qu'ils ont en plus des autres, des idées de supercharognes. Ils font crever pertinemment leur peuple... leur peuple "rédempté", de toute cette abracadabrante misère, par pur calcul et système... Préméditée manigance. Ils savent très bien ce qu'ils font!... Décerveler, affamer, annihiler, broyer, le peuple chéri!... Le pétrir toujours davantage! jusqu'aux ultimes bribes de vertèbres, jusqu'au plus intime des fibres! L'imbiber d'angoisse, qu'il en dégorge!... l'avoir infiniment en poigne comme une lavette toute consentante à n'importe quelle destinée»... *Bagatelles pour un massacre*, dois-je le rappeler?

Pas étonnant si les mitraillettes en voulaient à sa bedaine, sept ans plus tard, en 44, rue Lepic! Ça se conçoit!... «Tu peux vexer des personnes»... Je veux!... Ça se bousculait même! — Ce qu'il avait dit des Juifs?... On s'en torchait à l'époque! Je veux dire en juin 44, juste avant la libération de Paris. La France pas encore réveillée de son antisémitisme séculaire: car à ce moment précis de l'histoire la foule ne

savait pas encore quelles horreurs il
était advenu... On allait l'apprendre,
certes, et alors il ferait beau chasser
l'infâme sur un autre terrain. Se donner
les prétextes à réclamer sa peau...
Après, oui! Après je veux bien... On
pouvait faire semblant de le traquer par
amour des Juifs. Ça se discute... Mais
sur le moment même, il ne faut pas tout
confondre, ni vitesse ni précipitation : à
l'instant précis où les gars avaient le
doigt sur la gâchette, en montant l'escalier de la rue Lepic, le sort des Juifs
était bien le cadet de leurs soucis!... Ce
qu'ils avaient à venger, alors là, l'évi-
dence, c'est ce que Céline avait écrit du
Père des peuples : saint Joseph Staline
bafoué!... Car il n'avait pas attendu, lui,
que l'adversaire soit à terre, ni enterré,
pour lui rentrer dans le chou! Il le chan-
sonnait de face, Staline, direct, malgré
tous les conseils — qu'il allait y laisser
sa peau! Sur l'air de «Ils n'ont pas un
clou qui leur manque!», il s'amusait,
jouait avec le canon des armes sur sa
nuque, et sur sa gorge les couteaux :

Bal à Korsör

«Tel que je cause! dans n'importe quel Sovkose! ces fières parcelles du Paradis!... Pas une vache sans son train!... Pas une roue sans sa trente et deux bicyclette... Célérifères!... Pas une corne sans Korfu! Pas un seul flacon sans ivrogne!... Pas une croûte sans estomac!... Pas un goujat sans astrakan!... Pas une pancarte sans Staline!... Pas un poteau sans Trotsky! Pas un défilé sans traîtres! Pas un bonheur sans Staline! Pas un seul traître sans pancarte! Pas un seul manche sans bannière! Pas un seul Staline sans traître! Pas de Paradis sans serpent! Pas un Staline sans photo! Pas de bonheur sans bourreau! Photo! Poto! Ma-Tirelaine! Tirelo!»...

La raison est là, qu'il allait y passer illico, un peu sans tambour ni trompette, et sans jugement, en juin 1944, pour avoir tenu ses yeux ouverts quand il fallait être aveugle. Impardonnable!... Ah le pourri! Ça valait bien quelques cartouches. Une rafale bien nourrie!... La raison première et féroce : il avait tenu à avertir. Ce pourquoi il se trouvait bien dans la merde, en somme, et pas du tout en villégiature dans ce pré, là, à Klarskovgaard! Et encore, grâce à l'intelligence des Danois... Ce n'était pas faute de s'être envoyé des signaux, bien à temps et tout. Gutman-Louis l'avait annoncé à Ferdinand, on a vu : «Tu vas te faire avoir dans la voie que tu t'engages... T'auras le monde entier contre toi, figure de légume!»...

C'est Milton Hindus qui avait bien compris ces choses, je crois. Je les imaginais tous les deux sur cette même herbe où j'avais les pieds, en juillet 1948*. Les Destouches venaient d'arriver... Depuis quelques mois ils prenaient leurs marques dans ce coin charmant : ils avaient intérêt à s'y plaire! Aucune idée alors de la durée du séjour — ce pouvait être à vie! Qui pouvait savoir?... Lui se ruait sur l'écriture afin

———————

* J'imaginais cela, mais en réalité ce cottage-ci était celui de l'hiver. En juillet-août 48 Céline et Lucette habitaient un autre cottage tout semblable, situé une centaine de mètres plus loin, au bord du rivage.

d'oublier l'alentour. Il n'était pas encore allé une seule fois au village, à Korsör... L'Américain devait trouver qu'ils étaient bien logés — une aubaine la maisonnette! Oui, mais Hindus n'était pas du passage Choiseul. Il n'était pas de Montmartre, Hindus, il aimait la verdure!

Les deux hommes se sont chamaillés assez vite. Les nerfs à fleur, évidemment. D'abord Céline se faisait un devoir de se démolir devant son admirateur. Il brisait l'image avec un plaisir bien maso sans doute... Grand homme? Lui?... Il allait lui montrer! — Il se conduisait comme un goujat, tant qu'il pouvait... Jubilant de l'effarement de l'autre. Son côté titi parigot... La blague, même amère! La farce auto-destructrice, tout!... Energumène jusqu'au bout, son soin le plus attentif a été de rendre son visiteur un peu maboul — histoire de lui faire partager ses angoisses. «J'ai contracté moi-même un tic nerveux de la paupière qui est bien ennuyeux», écrit Milton Hindus dans son journal le 9 août, avant son départ.

Deux jours plus tard, il ajoute : «Le tic nerveux de mon œil m'ennuie vraiment et j'ai de bizarres tiraillements dans les doigts et aux muscles de la jambe. J'aimerais bien sortir de tout cela.»

On voit l'ambiance de la rencontre! Le plus braque possible!... Il était grand temps que le pauvre visiteur mette les bouts, car son cas s'aggravait : «Il m'a rendu aussi fou que lui. Mon œil se contracte. Le muscle de la jambe me tiraille péniblement. Je pouvais à peine me tenir debout cet après-midi tant la plante du pied me démangeait. Et l'index de ma main droite est comme paralysé.»

Le lendemain, Milton s'en allait : «Lucette croit que l'état de son mari ne cesse d'empirer; elle n'ose imaginer ce qui pourra arriver cet hiver»... En effet, ils n'avaient pas encore connu les frimas. La solitude, toujours bien agrandie par la neige... Il y avait de quoi craindre!

Mais enfin, c'est bien sa femme qui a été la seule à le supporter, dans cet état et dans les autres. Il est curieux que personne n'ait jamais mis en avant les énormes qualités de la dame. Herzog, vainqueur de l'Annapurna, tout le monde accourt, acclame. Tous les amateurs d'Himalaya sont là!... Lucette s'est grimpée Céline par tous les temps, et pas qu'une saison brève, sans personne pour faire la claque! Nul envoi de fleurs pour la nurse du héros...

Je l'ai rencontrée brièvement, il y a bien longtemps, Lucette Almanzor. Je préparais une adaptation des *Beaux Draps* pour le café-théâtre, en 1970*. Il m'avait fallu la convaincre de m'autoriser... Elle m'avait reçu fort gentiment, à Meudon. Elle se méfiait énormément de tout ce qu'on pouvait gratter dans l'œuvre de Céline — feu toujours couvant. Mais alors les pamphlets! Pas question d'y toucher, de près ou de loin!... Céline était mort depuis neuf ans, mais jusqu'aux derniers temps il

---

* En fait, une librairie-théâtre, *Les Anamorphoses*, présenta le spectacle, dans une mise en scène de J.P. Wenzel.

avait reçu des menaces plus ou moins distantes, des désagréments — elle ne tenait pas à raviver la flamme du scandale inconnu!... *Les Beaux Draps!* Je n'y songeais pas?... Ah non! monsieur! Ils avaient déjà attiré trop de malheur les pamphlets!... Et puis j'étais n'importe qui, une sorte de jeune homme avancé, glandeur sans références — je pouvais être un traître. Au moins un maladroit!... Elle n'avait aucune confiance dans mon projet de mettre ces choses sur la scène... Pour pas un rond, de surcroît! Aucune monnaie derrière... Un mendiant!

Il m'avait fallu plaider, expliquer que je venais pour l'amour, pas comme certains pour la haine... L'amour de l'art et la passion de Céline. Non comme vengeur de rien du tout — ni juif ni nazillon... Ailleurs tout à fait... La poésie, la langue, la puissante vérité du trait... Elle m'avait vu sincère — et si penaud de son refus. Sans doute assez nigaud, mais franc... Que je ne ferais de tort à personne... Elle en avait assez bavé, merci! Elle qui aimait Louis, les provocations de Ferdinand ne la faisaient plus rire...

J'avais dû revenir, patte blanche, montrer ma mouture... J'avais lu mon travail devant un petit aréopage de proches. Elle eut la délicatesse de me dire que je ne passais pas un examen, que ces gens étaient là pour le plaisir d'entendre une nouvelle fois ce texte bien oublié. Depuis 41 tant d'eau avait coulé! Et les pleurs parmi... Les cauchemars, les fusillades — Sigmaringen, les betteraves, la prison, et Klarskovgaard, le havre aux agités!... Finalement j'avais reçu l'imprimatur pour mes saynettes — des compliments même, et le feu vert...

Dans ces visites — il y en avait eu trois ou quatre — madame Lucette me parlait. Un jour elle m'a laissé entrevoir que, tout de même, il n'était pas commode tous les jours mon héros!... Pas du meilleur poil tout le temps, le moins qu'on puisse dire... Elle ne voulait pas rabattre mon enthousiasme, bien en-

tendu — mais bon, j'avais la béatifi-
cation facile, elle trouvait... Oh, pas les
grandes confidences! Elle m'a dit seulement : «Il était dur, vous savez!»...
Elle souhaitait simplement que je com-
prenne — bon diable de zélateur que
j'étais... Il y avait eu un changement de
ton, un assombrissement du visage
pour sortir ça... J'ai senti que pour la
galerie, ha! sourire, ha cher! et cætera
— mais qu'il pouvait être tannant, le
zouave, par moments... Rien de plus : il
était mort depuis neuf ans, peu d'amateurs le réclamaient encore — j'étais le
premier solliciteur, de fait, pour les
questions de scène. Elle parlait peu de
tout ça à des étrangers à l'époque. Veuve
de Céline, d'accord — mais d'abord
école de danse. Sa vie personnelle...

Elle me recevait le soir, après le départ des élèves. Elle m'offrait du thé
dans sa cuisine au sous-sol... J'étais
transi, on me comprend, d'être là — au
cœur des choses, dans les lieux saints.
Brûlés peut-être, le pavillon un peu
noirci à l'étage... Mais tout de même, je

me sentais comme à l'église. C'est arrivé deux fois, je pense, ou trois... Immense artiste, oui, son homme — c'est bien pour ça qu'elle se l'était farci! Lui et le froid... Mais elle me laissait entendre que le tous les jours de la vie à deux n'était pas un lit de roses. Il y a eu un éclair dans son œil, comme si elle allait poser le masque un instant devant moi... Parce qu'elle avait une longue journée de danse dans les pattes — que j'étais jeune, et je frimais pas trop. Pas assez même! Je ne payais pas du tout de mine pour tout dire — je me faisais un tort immense... Mais à cause de ça elle a été sur le point de se confier un peu plus : que c'était bien joli, à son avis, tous ces céliniens énamourés venant faire leurs yeux de carpe frite, mais c'était pas eux qui avaient essuyé les coups de torchon... Pas eux, ni moi là, jeune homme sans importance! qui s'étaient appuyé la corvée, merde!... Il y a eu un éclair, comme ça, dans son regard de jolie femme. Elle m'a dit : «Il pouvait être odieux!»... Elle s'est reprise tout de suite du reste. Sourire. Masque plaisant... Qui étais-je après tout? Méfiance... Son entourage lui répétait de se taire bien fermement, je suppose. Les gens sont si malintentionnés... N'empêche que j'avais entendu voler les baffes... Oh! la taloche occasionnelle!... J'ai pu rêver, mais j'ai une oreille pour ça. Une intuition d'artiste... Je ne sors pas d'un écrin de Faculté. J'en ai connu, des gens que j'aimais, qui cognaient un peu sur leur blonde... En tous les cas ces mauvaises grâces qu'il avait manifestées à Milton Hindus, son visiteur de choix, venu exprès d'outre-Océan pour le protéger, il devait en traîner de beaux restes pour Lucette, dans le privé... Je veux dire la vie intime, entre chien et chat... Jusqu'où allait vraiment son aigreur? Secret! Secret...

Je finissais par penser à ça, au bord du pré de Klarskovgaard, les pieds dans la même herbe, trente-cinq ans plus tard. Tandis que le soleil s'acheminait vers la mer, au bout des arbres, vers la Fionie...

J'imaginais la gueule que devait tirer Louis dans la solitude, l'hiver, ici... La plus vilaine passe. Sa mauvaise humeur fondait sur qui, dans le tête-à-tête ?...

François Marchetti m'avait raconté une affaire qu'il tenait des régisseurs, de la femme en particulier. Ces gens avaient le téléphone chez eux — chose peu courante et précieuse en ce temps-là. Céline venait parfois téléphoner. Ils arrivaient à deux, mais généralement Lucette n'entrait pas dans la maison. Lui, réglait ses affaires, il le faisait à très haute voix. Et puis ils repartaient ensemble vers leur cottage. Mais l'hiver... Attendre dehors !... D'autant que la communication n'était jamais immédiate, le plus souvent il fallait poireauter avant d'obtenir la ligne... Une fois il était arrivé la mine furibarde — il faisait un froid de canard, ce qui en ces lieux signifie aussi bien moins vingt qu'autre chose — il n'avait pas voulu laisser entrer sa femme. Non, non ! Elle attendrait là, dehors !... Ils avaient dû se disputer — la pauvre Lucette grelottait, peu vêtue, devant la porte. La régisseuse l'avait presque obligée à entrer tout de même, malgré l'interdiction. Elle lui avait servi un bouillon bien chaud... Et alors, il avait gueulé comme un putois quand il s'était aperçu! Non! Dehors!... Dehors elle devait attendre!

La bonne femme pouvait pas le piffrer ce Destouches! m'a rapporté Marchetti. Après bien des années elle parlait toujours avec rancœur : un gougnafier qui traitait si mal sa petite femme? Merci bien!... A-t-elle pour cela exagéré? A raconter des crasses sur le malotru? — C'est probable. D'autant qu'il faisait crasseux, justement. Il se baladait avec des fringues innommables de clochardise — même Hindus le remarquait. Les gens du Nord aiment la propreté, et les régisseurs de maître Mikkelsen faisaient peut-être un poil de racisme, allez-y voir? Antifranchouillard — antimontmartrois pour de vrai!

Ce n'est pas la peine d'idéaliser : on prend Céline comme on le trouve, ou alors il faut le laisser. L'erreur de Milton Hindus est d'avoir voulu le ranger dans une case à lui, d'artiste raisonnable, comme un littérateur sérieux, intellectuel... Ce à quoi l'autorisait très bien sa correspondance : les lettres de Céline avaient du ton, de la pertinence. L'Américain s'attendait à retrouver ça intact dans la conversation. Mais bernique! La vie a ses nervosités, au naturel, ses petitesses bien dégagées des succulences épistolaires... Céline, il faut l'aimer couvert de merde. Sinon on s'enlise dans les chichis. Il était antisémite? Assurément!... A sa manière cependant : pas d'homme à homme, pas le féroce pugilat. Idéologue, si l'on peut dire... C'est pire? — Cela se peut... En tous les cas c'est fort gênant*...

---

* Je n'ai garde d'oublier non plus que, malgré sa discrétion pendant l'Occupation allemande, et en dépit d'un non-engagement «physique» dans la collaboration, Céline écrivit, en 1941-1942, plusieurs lettres aux journaux, outrageantes, qui furent publiées sans protestation de sa part. Il laissa rééditer *Bagatelles* jusqu'en 1942, ainsi que *l'Ecole des cadavres* préfacée de frais par ses soins! Alors que le 27 mars 1942 le premier convoi de juifs déportés quittait la France pour Auschwitz : 1 112

Bal à Korsör

Mais j'aime Céline quand même. Et c'est vrai aussi que son œuvre ne brille pas précisément par la « transparence »! Quand on en a fait le tour, on peut recommencer le circuit — dans le même sens ou à l'inverse. On n'est pas

----

hommes, partis moitié de Drancy, moitié de Compiègne.

Cela dit, il est bien malaisé d'apprécier sans passion, et sur de justes balances, l'état d'esprit qui régnait à l'époque. Malgré tout ce que l'on a pu dire ensuite, le public — dont Céline faisait partie — n'avait guère le moyen de connaître, sur le moment même, les horreurs qui étaient en train de se commettre dans les camps nazis. Que l'on fût pro-hitlérien ou résistant, personne ne pouvait imaginer à quelles lugubres extrémités conduisait la haine raciale... A Drancy, par exemple, en 1942, les juifs prisonniers se doutaient tellement peu de l'existence de ce que l'on nomma plus tard les «camps de la mort» que les familles ne voulaient pas être séparées, et suppliaient d'être admises à accompagner les «partants». Ces gens demeurèrent longtemps persuadés qu'ils s'en allaient travailler quelque part à l'Est, dans des conditions sans doute pas très roses — mais c'est tout.

Le fait est qu'à Drancy, contrairement à ce que l'on imagine, l'atmosphère n'était pas partout nécessairement catastrophique. Les Anglais civils qui s'y trouvaient détenus depuis 1940 — convenablement ravitaillés par la Croix-Rouge — avaient fait pousser du gazon, et se livraient à de graves parties de golf miniature pour meubler leurs loisirs. Je connais un jeune homme alors âgé de dix-neuf ans qui, détenu pour contrôle d'identité de novembre 43 à début avril 44, profitait parfois de ces bons moments ainsi que des largesses alimentaires des Britanniques; il avait grossi d'un kilo lorsqu'il fut enfin libéré. Car la vie, c'est la vie — elle est têtue...

Etat d'esprit? Certainement... Ce n'est apparemment

près d'épuiser sa veine. Sa déveine aussi...

Mais il existe d'autres hostilités radicales, des délicatesses sérieuses qui écartent de lui... Un jour d'été, j'ai rencontré Gabriel Marcel, le philosophe existentialiste. Nous avons bu une orangeade ensemble, dans un jardin, chez des amis à moi qu'il visitait en voisin. Il avait quatre-vingts ans à peu près — un bel intellectuel, homme de lettres et de pensée. Respecté... Affable, bien assis carré sur la chaise de rotin dans l'ombre d'un figuier. Il possédait une auréole de cheveux blancs légers, immaculés — comme un saint, ou un sage... Vieillard célèbre! Des yeux pétillants... Mes amis, qui l'appelaient «Maître», m'ont présenté comme le petit jeune (mûrissant!) qui venait de «monter du Céline» à la

---

que vers mars-avril 1943 que des bruits commencèrent à courir parmi les étudiants du Quartier Latin, et les milieux intellectuels parisiens, selon lesquels les juifs conduits en Allemagne étaient placés dans des camps où ils mouraient de privations. On était encore loin du compte exact des malheurs — et il faut avouer que la Vérité, sortant de son puits toute nue, est parfois tellement poilue que de quelque côté qu'on la regarde *elle fait peur*!

saison dernière. A Paris, dans un petit lieu... Il a souri, amène et doux comme un évêque — soulevant de son genou une main gracile, il me l'a tendue presque à baiser l'anneau qu'il portait au doigt, pierre précieuse... Il m'a confié tout de suite qu'il n'était guère célinien lui-même!... Oh! Il avait lu un des livres, autrefois. Avant la guerre!... Le premier paru, parce qu'on en parlait beaucoup — mais il n'avait jamais récidivé... *Le Voyage*, en effet... *Au bout de la nuit*, voilà!... «Je me suis aperçu, comprenez-vous, que ça sentait l'ail tout ça!»... Ah ah ah ah!... Il riait de sa trouvaille critique, les lèvres ouvertes, bien à l'aise... «C'est cela : Céline sent l'ail. Et je n'aime pas l'ail!»... C'était tranché : il m'expliquait, en clair, le philosophe, que Céline suintait de langage populaire affreux, et qu'il avait, lui, horreur du populo, personnellement! Il me disait, en gros, à moi, dans les yeux, bien carrément : «Je te méprise!»...

Je souriais. Il faut sourire... Vous

n'allez pas prendre un si vieux mec au colback, dans un jardin ami, parmi les fleurs très odorantes, les abeilles vaillantes qui susurrent des mélodies aux murs de pierre... J'ai dit : «Je comprends, monsieur»... Serviteur et maître. Je saisissais, en effet.

Il y a des jours où l'on est content d'aimer Céline.

Ce qui est bouleversant, c'est le chagrin et l'inquiétude de Lucette au moment où Hindus repartait de Korsör... La rencontre se soldait par un échec cuisant. Une incompréhension réciproque avait pourri l'affection — dépit amoureux de part et d'autre... Or, jusque-là, le rôle de Milton Hindus avait été important dans la défense de Céline, par ses lettres, son action officielle auprès d'intellectuels américains influents. Et puis l'admiration inconditionnelle de cet Américain juif avait compté gros pour Louis, et pour Ferdinand — ça l'avait un peu remis sur ses pieds, moralement.

Grosse, totale alors, ravageuse déception! Hindus découvrait son grand écrivain aigri, foldingue, à la limite de la connerie pure et simple!... Quant à Céline, il ne s'attendait pas, lui non plus, à un raisonneur plus livresque que lui — un savant gentil, mais pas gogo, et qu'il ne pouvait pas faire tourner à sa guise. Incapable de le manipuler, il avait tenté de le rendre fou!... Mais l'entreprise le perturbait lui-même à un point terrible — avec la perte de son amitié rêvée. Il se démolissait avec une application farouche, diabolique, sous les yeux éberlués du seul ami, du seul admirateur inconditionnel qui restait. Il s'exposait sordide, pesamment canaille, salopard... Jusqu'à ce que l'autre en chie de la rancœur. Qu'il en vomisse du fiel à son tour, puisque l'amour avait manqué!

La charge de douleur qu'il faut trimballer dans ses tripes pour se détruire ainsi, féroce! L'arme à la tempe, le doigt sur la haine... La souffrance que c'est! Venue des profondeurs d'enfance alors, avec la rage, déchirante à crier. Il faut avoir mal, mal atroce, à l'intérieur invisible, pour se briser, se broyer de vengeance froide, tout seul, éperdument, en désespoir!... Et il faut avoir léché ses plaies pour comprendre, pissé un peu, soi-même, les lames de rasoir de la vie... Ce n'était pas un universitaire yankee, même compatissant, lové dans son univers raisonnable, qui pouvait saisir... Ces écorchements de boyaux passent par des voies d'enfer, pas par la réflexion de la tête. — Céline ne pouvait plus dormir du tout, il hurlait : « Je deviens fou!»... Il insultait même Bébert!

Bon, et Lucette dans tout ça? Paniquée... Elle avait peur que, privé désormais de ce soutien par correspondance, son vieux génie perde complètement la boule. Qu'il tourne au gâtisme précoce dans la cabane, cet hiver-là... Au 12 août, l'été s'achève, elle ne sait pas que ce sera l'automne ici, à Klarskovgaard. Et l'hiver, l'hiver scandinave, dans l'isolement au coin de ce bois sombre? Louis... Louis... Oh, elle l'appelait Louis, pas Ferdinand! Ferdinand le zigomard, l'histrion des textes — le Juif errant, quoi, si j'ose oser... Louis, oui, bel et bien fragile, va virer maboule dans ce pré, elle le craint. Des prémisses... Déjà la façon qu'il insulte le chat — mauvais présage. Et elle alors?... Elle doit en prendre pour son rhume dans les nuits d'insomnie où il hurle... Et qu'est-ce qu'elle va faire, là? Avec son Louis international limité — ici, au bout du monde, entre mer et forêt? Sa gloire des Lettres, s'il tourne fièrement marteau, tiens, comme ça, un soir, dans les neiges: vraiment monsieur, au bout de la nuit?...

Elle avait les jetons, Lucette, à voir partir l'ami, même blessé. «Plus d'une fois, en parlant, elle est au bord des larmes... Lucette me supplie de continuer à lui écrire» (Hindus).

Au fait? Qui l'a requinqué, en ces circonstances sombres, la gloire de nos Lettres françaises? Si ce n'est cette jeune femme qui, après tout, se tapait l'exil pour des prunes!... Elle n'avait jamais rien écrit d'incorrect, elle, ni contre les Juifs, ni contre Hitler, ni Staline, ni personne... Rien à cirer, au fond, de leurs salades ! Tout de même bien englobée dans les rigueurs — engluée... Elle s'appuyait les courses, d'accord, à vélo — bon, huit kilomètres c'est pas le drame quand on a la santé ! Le sol est plat... Mais ce pré en pente douce, elle ne l'avait pas choisi. Pas très marrants les herbages pour une jeunesse... Une danseuse a quelque chose d'urbain — les sylves, les naïades, sont loin !... La musique du vent dans les arbres hauts, en lisière de ce morceau de forêt danoise, ça n'a pas dû être tous les soirs forcément lyrique. Avec Ferdinand en prime, hurlant aussi, plus fort que le vent ! Elle n'avait rien fait pour ça, rien mérité du tout, Lili... Victime pure et simple.

Ça avait commencé rue Lepic, en 44, quand Céline refusait de s'en aller. Il ne voyait pas le danger... Il disait, ben pourquoi ils m'inquiéteraient : « J'ai rien fait ! »... Sa vision des choses. Et c'était assez exact : pas le collaborateur émérite... Aucun écrit enflammé, rien dans les bouquins, rien dans les poches. *Les Beaux Draps*, écrit fin 1940, était un livre plutôt insultant pour tout le monde : «Il paraît que tout change, qu'on est maintenant dans les façons, la rédemption, les bonnes manières, la vraie vertu. Faudra surveiller son langage. Y a des décrets aussi pour ça!»... Dès les premières pages du pamphlet on croirait à un libelle antiallemand! Un truc à atterrir déjà en cabane : «Y a des censeurs, des délateurs dans tous les coins... Je sais plus où me mettre... Châtions, châtions nos expressions!»... Le moins qu'on puisse dire qu'il n'était pas le progermain enthousiaste : «La France est bourrique, c'est plein la Kommandantur des personnes qui viennent dénoncer... Elles vont au parquet ensuite... le lendemain elles retournent rue de Rivoli. Au nom de la Patrie toujours! donner le copain, la copine»... J'en sais encore des morceaux par cœur!

N'empêche, avec un ton pareil, il frôlait les ennuis, Ferdine. Ses amis embarrassés... Deux ans plus tard, quand l'occupant n'entendait plus du tout la rigolade, une gouaille pareille et il se retrouvait au gnouf, l'énergumène... Déjà qu'il tenait Hitler à la limite de l'invective! Que personne n'osait plus le sortir en promenade dans les assemblées... *Les Beaux Draps* publié deux ans plus tard, en 43, les Frisés lui mettaient la main au collet! Il changeait de phase et de sort — chemin de fer vers l'Est! Ferdinand, et Louis pareil, n'y coupaient pas... Question miradors, la vérité est souvent affaire de dates. Il n'aurait jamais atteint Korsör!

Aussi, rue Lepic, il ne voulait pas partir du tout. Ce sont les amis qui insistaient, qui se rendaient compte de l'état du monde. Ils le traitaient de pas bien dans sa tête!... Lui, il ne voyait rien en juin 44. Il venait de publier *Guignol's Band* au mois de mars — sorti des presses le 15 mars... Pas réellement pénalisable comme ouvrage!... Alors il voulait demeurer chez lui, voir venir — tout voir, sa passion!... C'est Lucette qui a dû l'arracher à la rue Lepic, au dernier carat, pile!... Il était encore puceau de fureur humaine cet homme qui avait fait 14. Etonnant de candeur sous le hâle injurieux : il attendait les F.F.I.!... «Il a fallu que je l'entraîne de force», m'a dit Lucette un soir de thé.

La réalité c'est qu'il s'est compromis en partant — dans la mauvaise direction surtout!... Devenu collabo officiel après tout le monde, en fuyant en Allemagne juste au moment où les copains, les copines, s'inscrivaient dans la Résistance! Les masses collaborationnistes lâchaient soudain pour quelques semaines leur marché noir, leurs combines — voire la Milice tout de bon! Rétablissement dans l'espace, ils viraient de bord 180 degrés à l'odeur de la poudre alliée. Ils allaient se jeter dans les bras des libérateurs... Louis? C'est le moment qu'il choisit pour se mouiller fatal, sans rémission possible... Sigmaringen, où il n'était pas même invité! Dans le carrosse de l'ennemi, gratuit — il s'enfonce dans le danger, sous les bombes, et dans la compromission tardive. A la remorque de Pétain qu'il n'aimait pas du tout — et qui le détestait, lui, alors, carrément!... Etonnant, non?

Le partage dans tout ça, le soutien, le secours à Ferdinand en péril, d'où venait-il?... Bébert, je veux bien. Mais tout de même Lucette aux premières loges de l'apocalypse, à veiller sur notre génie gênant... A lui sauver un peu sa mise — sa peau, beaucoup.

C'est tout de même une héroïne des temps modernes, Lucette Almanzor! Un peu à elle qu'on doit *Nord*, et *Féerie*, *D'un château l'autre*... On devrait aller la remercier. Lui envoyer des fleurs... Plein de bouquets!... On pourrait, je ne sais pas, sans déranger, constituer un club. Une association 1901!... Un rassemblement de paix destiné à la collecte, afin de lui offrir chaque matin des fleurs coupées fraîches... Un Comité de la Pervenche — et s'il le faut, tout clandestin!... On imagine, à chaque aurore, hiver comme été, première chose :

un bouquet pour Lucette! Présenté par un petit commis ganté Interflora, par tous les temps, verglas et ouragan, à Meudon, route des Gardes!... Pour que tous les matins de sa vie de femme elle sache qu'on se souvient qu'elle nous a offert *Nord* et *Château*... On aurait l'air moins ingrats, je trouve.

Au bout du pré les mouettes s'en venaient maintenant à grand chambard, criardes. Elles tournoyaient, le coup d'aile furieux, repartaient en force, en musique aigre... L'heure des mouettes était venue. Elles se posaient sur le dos du *Center*, ce truc en brique comme un navire échoué le ventre en l'air. Quelqu'un, au bout, remuait des poubelles.

Coque s'est approchée de moi — qu'il nous fallait partir à présent. Elle se sentait hors glotte d'avoir jasé utile, au bout de son rouleau de ragots... J'ai fait signe, de la tête, que oui — qu'on s'en allait... Je dirais à Follin pour les mouettes... Plus tard, comme il n'avait pas eu tort... C'est important pour un artiste d'avoir raison. Sa vie à lui est remplie d'aléas, et tous les bœufs, les lourds, les fines crapules aussi qui l'entourent, lui sucent la moelle de grand cœur. Ils lui esquintent le cervelet, qu'il en vacille, il ne sait plus où s'accrocher... Les fumiers s'en engraissent, en goguette de charognards. Ils s'abreuvent à la sueur de sa peau inquiète, ils le font dégouliner d'angoisse l'artiste, afin qu'il soit meilleur à consommer. Pourquoi se gêner? Tremper sa mouillette — plus il fait l'œuf, plus il doit en avoir le goût!... Ils le sentent de loin, les monstres velus, ils se prélassent... Ils viennent tirer leur argent, leur croûte, du sang de l'artiste. Ils le crèvent et puis s'en vont... A un autre!... Trois petits tours! Se félicitent... «Nous avons mangé hier, chez des amis, un cinéaste — il était bon!... Fin, vous savez, tendre comme rosée, sensible, une merveille!»... Ce qui leur plaît : la fibre succulente sous la dent... «Ma femme en a repris deux fois!»... Ils se refilent les recettes, comparent, ro-

tent sur les condiments. « Ah ! J'ai cro-
qué du dessinateur — même pas peintre !
Pensez, du vulgaire petit illustrateur de
merde. Juste tiède... Vous ne me croi-
riez pas : un régal !... Comme ça, nature.
Un parfum ! »...

Je dirais à mon pote pour les
mouettes qui planaient, s'accumulaient
vers les cuisines... Les oiseaux de Korsör... De Klarskovgaard plutôt... Piaill-
lant sur ce tumulus géant, le *Center*...
Qu'il se sente réchauffé dans sa convic-
tion... Trop tard, mais tout de même.
L'intuition !... Une autre fois la féerie...
Jacta est !

Des couples allemands remontaient
de la plage, le sein cuit, les épaules au
paprika... Ils se tiraient de lourdes pa-
roles : *Ja ! Ja !*... dans le silence des
herbes fleuries, les draps de bain roulés
sous l'aisselle...

Avant de dégager le gazon, Coque a
voulu prendre quelques photos... De la
maison rouge, de moi... D'elle aussi. Elle
s'entendait à tenir notre journal de
route... Pour nous deux ensemble, il fal-

lait que la copine appuie sur le déclic photo face au mur... Touristes! La pose avant de disparaître... Les premiers pèlerins — historiques!

Dans la forêt de Klarskovgaard, en venant, nous avions aperçu un bâtiment dans une clairière, un peu en retrait de la route. On semblait y tenir auberge... Nous avons retrouvé la bâtisse au retour, à peu de distance du cottage et du *Center*. J'ai arrêté la D.S., nous sommes descendus pour mieux voir... Je me demandais si c'était l'endroit où Lucette venait faire ses exercices de danse quotidiens dans le temps? J'avais lu quelque part l'existence d'une grande maison vide où elle pratiquait tous les jours — à vue de nez, ce pouvait être ce local-ci. A condition que la baraque soit ancienne, au moins debout à l'époque des entrechats.

Il s'agissait bien d'un pub, sorte de

boîte de jour, ou de nuit — ils avaient placé deux ou trois tables dehors, devant la porte, vu la saison exceptionnelle, avec un grand parasol... Nous avons remonté le terre-plein dégagé, en légère pente, qui conduisait à ce qui s'avéra un restaurant champêtre.

Le personnel était accueillant. Un garçon en tenue, plastron blanc et nœud noir, finissait de dresser les tables, aidé de deux jeunes filles — toujours! — déguisées en soubrettes. Elles portaient des mini-diadèmes façon dentelle sur leurs cheveux, et des tabliers blancs, ronds, minuscules aussi, posés sur leur nombril.

J'ai tout de suite repéré la grande salle, sur la gauche, toute décorée, fleurie en attente... Des tables carrées, couvertes de lourdes nappes blanches, occupaient le pourtour. Ça sentait la préparation de fête. Le garçon pas très grand de taille, aimable, vif et causeur, nous a expliqué qu'il y avait un bal ce soir... Il disait *a ball*. Un dîner dansant, de fait, avec orchestre et tout — sur la petite estrade au fond, pas encore éclairée, seraient les musiciens.

Touristes, hein?... Il avait terminé sa
mise en place et voulait bien bavarder.
Français, en plus? Ah! Ils en voyaient
peu par ici des Français. Allemands,
oui! Plein la forêt!... La plage couverte.
Forcément, le *Center* leur appartenait.
Ils viendraient se déverser dans le restaurant ce soir, un vendredi... Et si
nous désirions une table, il était encore
assez tôt, mais juste. Il nous invitait à
retenir nos places!... Les serveuses
confirmaient, rieuses — ce serait prudent en effet, car ils attendaient beaucoup de monde. *Friday night*, vous pensez! Avec ce beau temps!

J'ai demandé si la maison, à leur avis,
était ancienne ou nouvellement construite. «Ancienne. Oh très ancienne!»...
Un vieux relais de chasse, a expliqué le
serveur, glorieux. Ça datait des autres
siècles, ici : le roi de Danemark venait y
chasser volontiers... Forêt giboyeuse.
Lieu chargé d'histoire... Pendant la dernière guerre mondiale il ne savait pas ce

qui s'y passait — rien, sans doute. Mais la demeure en excellent état, toujours. Des murs — il nous montrait la beauté des murs, le toit. Solide tout ça... Et maintenant lieu de plaisir! La fête ce soir! *There'll be fun tonight!*... Il fallait rester!... Il nous conviait franchement, à présent que nous avions fait connaissance... Les filles aussi, gentilles, insistaient.

C'était donc bien la salle d'exercice à Lucette. Aucun doute — le parquet ancien, l'espace propice... Elle s'y était donné des sueurs pendant trois ans, sans feu évidemment. Bardée de lainages à la saison mauvaise. Sa retraite, opiniâtre, loin des tracas — la danse! Loin des hurlements!... Coque comprenait tout ça, danseuse elle-même, attirée — le vide en soi, le besoin de rythme, de flexion, de tenir son corps en respect. Exister par le mouvement musculaire... Sûr qu'elle était bien ici, Lucette!

Et maintenant le guinche... Voilà ce qui est du temps. Joyeux devis, rires à la Goethe!... Ce 16 juillet 1982, je témoigne, il y avait un bal à Korsör.

Ils nous ont servi un thé, mais dehors... Un petit goûter pour faire traîner. Nous étions encore tout remués de la maisonnette, émus de tout... Le lieu à Lucette nous prolongeait le sentiment. On voulait se poser un chouia pour réfléchir dans cette jolie clairière à Poucet... Ils nous ont proposé du cake — les tourments anciens nous avaient creusés : les restrictions, les tickets... *Fruitcake? Yes?... Beautiful!*

Pour la soirée, par contre, c'était limite — nous ne pouvions pas trop, n'est-ce pas, rester. Nous avions prévu d'être à Copenhague avant la fin du jour... C'était délicat. «Qu'est-ce que tu penses?» demandait Coque... Pardi! c'était tentant de lambiner ici, chez nos amis. Mais la vie est ainsi faite, il faut bouger. Courir des mirages... Avec la meute de nos angoisses aboyant... La vie c'est marcher, puis s'allonger sur le rivage des mers, l'été... Compassion courte — laisser reposer les chiens, une fois l'année.

Ah! La lumière de cette clairière!

Pâlissante et encore dorée... Tremblante presque... Légèreté... Et ce bal, ces gens gais... Pourquoi ils s'étaient tant chicorés, eux autres, avant? Et mordus, déchirés, écrabouillés de fer et de fonte, à la curée. Sauce tomate hémoglobée partout!... Et le temps s'en vient, passe, le vent balaie, la pluie mouille. L'odeur de merde s'efface... Il reste rien du temps passé... Je me répétais : Bal à Korsör! Bal à Korsör!... La putain d'ironie! Les nappes blanches empesées.

Hindus avait marché sur cette route, à pied, puis à vélo. Sept kilomètres jusqu'au village, a dit le garçon. Quelle déception, ce ratage d'amitié!... Je repensais. Il n'avait pas bien jugé lui non plus, visiteur. Pas pris les dimensions exactes du phénomène Céline. Il me revenait brusquement ce souvenir qui m'amuse beaucoup : l'Américain, qui logeait dans un petit hôtel à Korsör, raconte que son mage lui avait d'abord retenu une chambre minable, la pire qu'il ait pu trouver : «un vrai taudis célinien situé au-dessus d'un cabaret». Le coupe-

gorge apeurant pour étranger propre —
encore que la paisible cité ne grouille
pas de dangers bien pressants!... N'empêche que l'universitaire a changé de
crémerie dès le lendemain, pour un hôtel un peu mieux. — Première gaffe!...
Céline l'avait placé dans un gourbi pour
qu'il voie combien c'était terrible, ici, le
séjour, et moche le Danemark. Qu'il le
plaigne un peu plus, qu'il ne puisse pas
bien dormir surtout — comme lui-
même... Qu'il se trouve proscrit, en
somme, un vrai frère dans l'atmosphère
Guignol's Band du cabaret!

Hindus ne pouvait pas savoir. Il a
pensé que c'était égard au pognon, pour
lui faire faire des économies... Pas du
tout. Lui faire les pieds, oui, il voulait!
Le dresser à la misérable. L'obliger à
goûter du Ferdinand par les oreilles...
En allant loger dans une chambre
comme il faut, en se parant de vête-
ments propres — sans doute un peu co-
quets à la façon des gens d'Amérique
qui se vêtissaient de couleurs — c'était
trahir dès le premier jour... Renier la

confrérie des souffrants, des crottés, des proscrits, où se plongeait Louis, lequel avait pris ce pli dans la maladie et la précarité de la geôle. Louis qui rejoignait la projection de ses propres personnages, dont il avait adopté la tenue, les fringues crasseuses. Alors qu'en arrivant à Copenhague les Destouches avaient débarqué dans un palace : l'Hôtel d'Angleterre qu'ils connaissaient — pas un tripot puant la bière... Après la prison, hop! Louis logea chez Ferdinand — et Milton, sur ces entrefaites, qui refusait de faire le Juif errant !...

Dommage que cette féroce volonté de misère, d'autodestruction qu'il avait, n'ait pas servi à Céline pour se faire maudire davantage encore : nous n'avons pas assez cueilli les fruits de ces dégâts. Il a cherché durement le bâton pour se faire battre, mais en plus il l'a choisi merdeux. On peut pas dire... J'en veux un peu à Céline de n'être pas tombé du meilleur côté. C'est pas de chance pour nous, tout de même, les gens ordinaires — pour la France, en somme!... Si seulement il avait pu faire un petit tour à Buchenwald... Vous voyez ça, Céline déporté? — Un tout petit séjour bien entendu, qu'on se le récupère : un rattrapage du dernier instant... 44 par là... pour la sortie de *Guignol's Band*, tenez! Voilà le motif trouvé : une œuvre obscure — il y décrit les bombardements de la débâcle, sur le pont d'Orléans. Un peu lèse-occupant sa prose... «le Fritz mitraille épouvantable, s'apporte là-haut du fond des cieux! La vache! De son brezinzin il nous rase»... Fallait pas dire «Fritz, Frisou, Frisé», pas très respectueux, page 14. Et plus loin : «le fumier délire! Là-haut il s'acharne!»... De quoi se faire vivement soupçonner! Ce bouquin, d'ailleurs, tout écrit sur Londres — était-ce vraiment délicat? Propagande!... Avec ces bruits d'attaque imminente qui énervaient les Chleuhs... Une prose louche, des choses possiblement codées, à l'usage des résistants tapis dans l'ombre... Les gens, les moulins... Il avait écrit : *«Alors la tristesse*

*s'en va fondre par petits tas gris au so-
leil...»* C'était pas tordu peut-être? Ça
pouvait être un message personnel...
Comme la dernière phrase du livre : «Le
bus 29! le nôtre! C'est nous! Hop! en
l'air! Il se retrousse!... On saute!» — En
l'air, on saute?... Si ça n'annonçait pas
le débarquement à moi la peur!...

L'auteur, donc, cravaté... Evacué
outre-Rhin, canaille, suspect! Mais seulement à la toute fin. Qu'on ait le temps
de le libérer, qu'il se remette à flot...
Quelle œuvre ensuite! *Nord* aussi, sans
doute, mais quel éclat! Le reten-
tissement à travers le monde!... Tous
ces malheurs des camps de concen-
tration qui demeureront inconnus dans
le futur, qui resteront du moins à l'état
de rapports, témoignages, de longues
plaintes que l'on confondra dès qu'il y
aura eu d'autres plaintes, d'autres malheurs. Surpassants peut-être! La cruau-
té de l'espèce est illimitée... Ces faits
s'effaceront assez vite dans la mémoire
des peuples, pâlis, décolorés par des horreurs nouvelles... Déjà on dit : «Cela a-

t-il vraiment existé ? »... Avec Céline on ne se poserait pas la question! Ferdinand en camp — au «vallon boisé», Buchenwald!... Voilà le chantre qui convenait à la Déportation! On serait pas à se gratter le menton... Ceci, cela... Bavettes et procès... L'aventure coulée dans la pâte célinienne, inaltérable aux générations, pour cent, deux cents ans! Au moins! Tel le bronze... Un millénaire! Inusable. La Chanson de Roland! Traduite dans toutes les langues. C'est important le partage planétaire.

Masochiste comme il était de tendance, douleur pour douleur, sur le moment peu importait la direction de la trique. Pourquoi n'est-il pas allé dans cette galère-là plutôt que l'autre?... La fanfare au retour, on imagine! Au lieu de la terre brûlée qui fut le cas autour de son œuvre durant les années 50, le silence absolu sur son nom. On aurait étalé ses bouquins partout, dès 45, 46! *Guignol's* ressorti dare-dare, fêté! A la gloire de l'Angleterre! Hymne aux Londoniens saccagés... A se tordre de rire!...

Et la tristesse qui allait fondre par petits tas gris au soleil...

Bien sûr il n'aurait pas toléré tant de faveur. Il se serait mis à insulter le monde entier, à pisser dans les pots de fleurs!... En attendant, ses livres en vitrine pour tous, dans les bars-tabacs qui font aussi la presse. Parmi les gommes et les crayons de couleur. Editions pas chères... Et nous, petits Français moyens, et même au-dessous de la moyenne pour tout dire, nous aurions été nourris du voyage. Tous ces petits cons dont j'étais, justement!... C'est ça qui m'énerve : j'aurais pas attendu 1961 pour lire *Mort à crédit* — jamais entendu parler de ce livre-là avant, par personne! Il a fallu la mort de l'auteur pour que ça transpire... Or il m'aurait importé bougrement de lire *Mort à crédit* dix ans plus tôt! A chaud!... Ça aurait bousculé bien des choses dans mon existence... Un temps gagné, alors perdu, que je ne rattraperai jamais, personnellement. C'est bête quand j'y réfléchis, mais on m'a caché les livres que je devais lire à quinze ans! Comme aussi *L'Apprenti*, de Raymond Guérin (paru en 46). Sous couvert de culture générale on a éloigné les bouquins qui m'auraient été d'un secours splendide, car ils parlaient de moi, au ras des pâquerettes, et bien! Pas de la comtesse Machin, ni de Fabrice du Dingo!... Des œuvres pour ma vie intime — une vie qui s'en fût bousculée, certain! Secouée par la transfiguration artistique des souffrances... Mais on m'a raconté des mensonges, sous prétexte que j'étais jeune et sans moyen de m'informer. Irréparable erreur.

Si Céline avait au moins été un tout petit peu étrillé par la Gestapo — je dis du bout des doigts! Avec des gants!... Il faut apporter beaucoup de tendresse aux masochistes, c'est ce qu'ils redoutent le plus... Oh! ça n'aurait pas nécessité grand-chose — déjà qu'il disait tellement de mal d'Hitler!... Il aurait bien pu faire ça pour nous. Ça n'avait pas d'importance de quel côté venaient les coups!... N'empêche que Céline en camp, ça aurait changé quelque chose à la connerie littéraire. Je suis peut-être optimiste, mais ça aurait été bougrement salvateur pour la langue française, dont l'avenir nous cause tant de soucis aujourd'hui. L'œuvre de Céline dans le grand public à temps? Une fameuse rustine dans ce ballon qui fuit...

Quand on y songe, c'est un formidable dommage de guerre que nous ont causé là les Allemands, de ne pas avoir déporté Céline. L'aménité catastrophique! Une vraie bombe à retardement — à terme, nous subissons la vengeance d'Hitler, car notre littérature crèvera probablement de cette occasion manquée... Unique. «L'histoire ne repasse jamais les plats» — le mot est de lui. Il y tenait... Céline marqué au fer de la croix nazie, voilà l'étincelle sublime! L'embrasement de la lecture en français, de l'écriture sensible... C'est là qu'on aurait pu faire des reportages! Pas nous, sûrement! Follin et moi. Bien trop chétifs... Ils ne nous auraient pas attendus.

Coque observait des oiseaux qui venaient picorer près de la table au parasol... Elle leur envoyait des miettes de cake d'un coup de poignet discret; elle lançait tout près, jusqu'à les faire s'approcher tout contre sa chaise. Je la regardais de profil jouer avec les piafs, les jambes chevauchées sous le tissu de la robe, avec le mollet mince de ballerine, la sandalette flottant sur son pied nu. Elle portait cette robe à fleurs bleutées, imprimée de rien, ample et de belle aise autour de ses hanches. Je devinais sa chair chaude, satinée sous les lèvres, et fragile... Et la blondeur rosée de son visage aux cheveux lâchés luisait sur fond de forêt, dans cette espèce de soleil attardé, plus vraiment visible, qui promettait des heures encore de jour... Une peau qui s'en est allée, comme toutes les autres, avec le temps venu, la robe chiffonnée. Le temps qui moud sa semence de merde dont les amours meurent.... Tous les amours, ceux des guerres comme ceux des fêtes, s'en vont sécher au bord des trottoirs, en poussière, au bout des rivages des nuits... Oh mon amour, elles nous ont quittés les forêts! Les plages de Dieppe, les petites rues pavées, les chambres roses ornées d'étagères vides... Et les petits trains qui nous attendaient à la gare ont sifflé sur les petits viaducs pour nous emporter vers nos petits destins...

> *Be not too hard, for life is short*
> *And nothing is given to man**.

Il y avait une pie sur l'herbe qui faisait des manières avec sa queue blanche. Elle sautait, ci et là, bondissant de côté... Elle jacassait, soudain fâchée, véhémente... Coque riait de la voir. Elle lui jetait un bout de gâteau, plus loin pour sa peine.

La paix énorme de cette clairière nordique! Comment imaginer les cors, les meutes, l'impatience des chevaux dans le train royal d'une chasse à courre? Au

-----

* Chanson: «Soyez pas trop dur avec le bonhomme, car la vie est courte, et elle ne fait pas de cadeau.»

milieu de ce silence végétal!... Mais nous sommes parvenus à un autre monde, en train de basculer une fois de plus vers ce qui sera toujours l'inconnu des hommes. Où vont ces masses d'êtres que nous appelons les générations? Au siècle à venir seulement, tout proche?... Au baston? A la canonnade?... Au pourrissement cancéreux métastasé?...

L'illusion de Céline, comme l'illusion de tout le monde, était de croire en l'immobilité des choses. La permanence de la langue, de la société... Il se voyait au programme du bachot! Où est-il, dites-moi, le «bachot» à cette heure?... Tout comme la richesse parlée du français ordinairement populaire, où s'est-elle fourrée?... Cette jactance qui durait depuis un siècle et demi, à peu près, à Paris — en tout cas une bonne centaine d'années à l'époque du *Voyage*. Il pensait qu'elle allait se continuer, se perpétuer de bouche en bouche!... Cent cinquante ans de virulence verbale lui semblaient un gage en dur — d'autant qu'on discutait démocratie en grand, à l'époque. On voyait, à l'aube des lendemains enchantés, la langue du peuple faire Front elle aussi, populaire. Avec ses trésors d'humour, ses facettes multiples, son chatoiement maudit d'inventions à rire...

Cette langue à merveilles n'a pas résisté à l'Instruction publique : elle n'a tenu véritablement que jusqu'aux années cinquante dans son esprit d'origine, peu ou prou... Quand Céline est mort, monsieur Popu l'a suivi dans la tombe. Très vite la télévision s'est installée en France, arrosant le territoire de sa langue cathodiquement châtiée, parfumée au plan Marshall. La langue parlée, à la ville comme à la campagne, s'est alignée sur l'Ecole et sur l'Ecran, petit à petit. Plus de transmission bordélique en famille, de sales propos! Presque plus... La langue ordinaire s'est vidée de sa substance joyeuse, coléreuse, moqueuse, pour devenir savantasse, tout enchiassée de pensée, badigeonnée des nauséeuses vomissures des connards prétentieux qui nous ont conduits, pas à pas, par la main, à la société des sans-logis. Des sans-profession, des sans-rien-du-tout!... Des fils à papa encanaillés en chambre ont soufflé le chaud et le froid. Etouffée, la tradition argotique et méfiante! La masse devenue sans langage, donc sans malice — et maintenant sans rien à croûter! Les yeux rivés sur l'écran de la chose carrée, nous sommes passés à l'Amérique, le veau d'or à fond les boutons! Doublages!...

Nous vivons en doublage, bouche et oreille hallucinés — «confortable» est devenu *confortable*, à notre insu, afin de ne pas contrarier le mouvement des lèvres américaines dans la boîte aux belles séries: «Est-ce que vous êtes confortable?»... La stupide «routine» est devenue *routine*, pour complaire! Glissements de sens, et déjà de son — la morsure pour l'instant est légère, mais la prononciation du français s'infléchit dans certains milieux, elle se colore anglais international — une journaliste, au téléphone, m'a parlé d'une «bouteille de Morgon», en prononçant *mor-gone*, car les finales réapparaissent plus souvent qu'on ne croit sous l'influence de l'anglo-saxon. Ces phénomènes sont insidieux, certes, mais ils rongent, amollissent la langue, l'exténuent d'autant mieux que les sourds refusent d'entendre : bagatelles!... Nous verrons bien! Glissements de sens, glissements de pieds, la gueule en l'air! Le cul dans la bouillaque... Trop tard alors! Les yeux plus gros que le ventre. Pour pleurer... La connerie s'est étoilée. Nouvelle propreté!... Propre! Ecoutez voir les nouveaux sans-domicile comme ils filent doux quand l'interviouveur les fait causer par hasard, dans le poste. Les petits mots étriqués, d'emprunt, si sages, si peu «perturbants» qu'on leur a foutu dans le gosier... Céline qui avait prédit les Chinois à Cognac n'avait pas prévu le plus rigolo : la conquête insidieuse par la langue. Le pauvre dépouillé de sa voix, sans réplique, sans mots — sans argot, donc sans haine... Et forcément les restos du cœur!

Bal à Korsör

Insensiblement, le style s'est fait concentrationnaire. Trente ans après les dernières mesures de *Rigodon*, le Français moyen ne comprend plus vraiment en direct la «langue de Céline» — comme l'appellent les enfoirés que ça arrange de croire que c'est lui qui l'a inventée. C'est-à-dire la langue de nos aïeux. Fini!... Tout ça est tombé, basculé. L'écriture de Céline s'éloigne, s'embue de son sang épais. Les bouquins de Céline ont subi, coquin de sort, la même mise à distance que ceux de Rabelais. Un même soupir chez les «littéraires» : Ah! Rabelais! Ah! Céline!... Encore trente ans d'ici, une génération d'homme, et *Mort à crédit* sera devenu incompréhensible, définitivement, dans les chaumières comme dans les palais... C'est Guy des Cars qui a gagné, l'illustre romancier. Ce que Céline n'avait pas pensé, c'est qu'en si peu d'années ce ne serait pas lui qui serait au programme du bac, mais Guy des Cars et ses enfants spirituels... Les écrivains d'aujourd'hui marchent à fond dans la combine, au plus près du petit commerce. Tuant la poule pour avoir les œufs... Le style simplet. Nunuche — «épuré»!... La littérature en français est passée à la phrase maigre : sujet, verbe, complément. Bien dans l'ordre, entre deux points... Le style ébarbé pour ordinateur. La «transparence»! — Le cliché, oui, à toutes les lignes, facile, programmé. Tout en fausse soie, onctueux à la gerbe, gominé. Un langage déraciné, déculturé... «La jeune femme marche vite. Elle monte l'escalier. Elle ouvre sa porte avec sa clef. Son compagnon lui sourit. Elle ôte sa jupe. Ils s'étendent sur le lit. Ils baisent.» Point final. Fermez le bouquin, vous êtes nourri!... Des piles de cette sorte au supermarché. Avec des bandes prometteuses, afficheuses de prix pompeux. Et c'est pas fatigant à lire du tout! Ça n'enclenche pas la tempête sous les crânes de pareils zéphyrs — ça fait tinter les tiroirs-caisses...

En fait, j'en veux beaucoup à Céline de ne pas s'être fait embastiller boche...

Bal à Korsör

Ça n'avait pas d'importance : il pouvait aussi bien tomber du côté anglais ! Il serait seulement allé en Irlande !... Là, il nous aurait secourus. J'ai dit : ses livres dès l'école, obligeant les profs à réfléchir. A ne pas s'engaver de sottises. A avoir du goût !... Quelle catastrophe !... Car celui qui a lu Céline à seize ans ne s'en laisse plus conter d'aussi drues — stylistiquement parlant. Il devient ferré, allergique aux bluettes : formé pour la vie... Je peux le dire, j'en connais. De plus, c'est comme la bicyclette, ça ne s'efface jamais. Quelqu'un qui a une fois passé ses jours et ses nuits avec Céline ne dira pas devant la première crotte imprimée à l'encre cosmétique : « Quel texte superbe ! » Avec des ronds de doigt en l'air : « Oh, magnifique ! »... Plutôt crever. C'est une formation artistique complète la lecture de Céline — le tragique est que les adolescents en soient privés. Châtrés de langue à tous âges par des bons bougres besogneux si mal informés ! Peu éduqués, criminellement dévoyés... Moines ignorants qui tordent le cou à la vraie prière fertile...

Céline seul pouvait enrayer la maladie de langueur, la perte de langue, donc l'identité... Et qui osera jurer le contraire? Son œuvre pouvait accorder une survie à notre langue, malgré tout. Nous accorder, peut-être, un tour encore sur le manège : la chance d'une génération supplémentaire... Après, on ne sait pas : ça lève, le grain ne meurt... Oh! ce n'est pas l'identité en soi qui importe — entendons-nous! Ni que celle des Français, bien composite ma foi, soit irremplaçable. Foutre! on s'en passera!... Ce qui est triste, dans la perte d'une identité, c'est qu'on est obligé d'endosser celle des autres. Et forcément avec un je-ne-sais-quoi de retard dramatique qui fait une énorme différence dans la pratique du tout-venant. Ce qui est dommage, c'est qu'on devient alors un ballot qu'on ballotte, une marchandise pour le commerce. Avec la pauvreté au bout du quai, tôt ou tard... Voyez l'Afrique : c'est en perdant son identité qu'on devient esclave, depuis l'origine du monde, on n'y coupe jamais! Une loi bien simple : la conquête du plus fort... Même si comme de nos jours le plus fort se dissimule, se fait représenter. Si le conquérant s'avance masqué, pas fier, derrière des hommes de paille et des ordinateurs!

L'objet de la politique est de mentir beaucoup pour gouverner un peu. Sous tous les climats, vœux identiques : posséder le pouvoir et la belle vie... En gros, toutes palabres faites. En résumé! Or, il est infiniment plus difficile de mentir à des gens dans leur langue. Ils sentent les nuances de tromperie, décèlent les nuages de loin. Il faut toujours s'attendre à une réaction : «Qu'est-ce qu'il nous bave, lui? Non mais!... Hé! peau d'hareng!»... Le risque est grand. Le menteur, alors, se trouve moins pimpant. Le terrain devient instable sous la risée — il s'écroule au moindre tollé!... Dans la langue du voisin, au contraire, tout glisse, tout prend, tout passe. Un vrai beurre. C'est comme papa dans maman!... Surtout si l'on n'a appris à l'autre qu'à dire *Yes!* Avec les variations stylistiques : *Yes indeed!... Oh yeah!...*

Comment dites-vous : «Tu vas prendre mon poing sur la gueule», en langage d'ordinateur?... Ça ne se dit pas! C'est même pas prévu. On peut, bien entendu, raconter des périphrases : «Vous provoquez en moi des réactions d'agressivité primaires que je ne suis pas certain de pouvoir gérer» — le type, là, est bien tranquille : c'est pas demain qu'on lui filera un « paing »!

Au fond l'identité est comparable à la défense immunitaire du sang dans le corps humain : elle n'a pas de valeur en soi, mais elle empêche les maladies... Elle protège de la mort. En d'autres termes, la perte d'identité est l'équivalent d'un «Syndrome Immuno-Déficient acquis» — sorte de sida social qui entraîne la disparition des rites, des structures, des défenses, de l'autonomie, et par voie de conséquence, pour aller vite, prépare à la soupe populaire*.

Une solide œuvre littéraire vous module l'esprit d'un pays. En même temps qu'elle le peint, elle le cristallise, lui imprime un élan... Voyez Rabelais, le boute-en-rire que ce fut! Ailleurs Shakespeare, Cervantès... Vieilles lunes assurément! Pourtant qui osera me contredire si je prétends que Shakespeare et ses satellites ont créé un ciment anglais reconnaissable? Ciment qui a permis, à sa mesure, la construction de ce qui fut plus tard l'Empire britannique... Tenez, sans Voltaire aux avant-postes, le XIXe siècle français eût été fort différent — le XXe siècle aussi, par

---

* Pour aller très vite, dans un changement d'identité collective — qui prend trois générations, ou dix! — les pans les plus fragiles d'une société, les classes populaires, s'écroulent en chômage, en esclavage, une vérole quelconque selon ce qu'offre la civilisation du moment. Ainsi des Gaules sous la conquête des Romains... Bien entendu les plus malins, les plus huppés de la communauté mutante se démènent pour profiter au mieux du changement. Ces collaborateurs actifs dorent la pilule à leurs «masses», aidant leurs compatriotes à se bougnouliser gaiement, à glisser à leur perte pour leur seul profit. Les plus rusés se construisent des villas gallo-romaines!

conséquent. Tout se décale dans une grosse poussée fiévreuse de la pensée; sans Hugo, nos salades modernes ne seraient pas non plus ce qu'elles sont. Certes non! Otez le grand Victor, sa résonance, ses cuivres, ses marins et ses capitaines, et le surréalisme disparaît d'ici, faute d'un mur en fronton pour renvoyer la balle! Car plus haut monte la vague, n'est-ce pas, plus profond devient le creux.

Nous nous sommes privés de l'influence massive de Céline — cette chance d'avoir eu un «écrivain du siècle», nous l'avons ratée!... On pouvait rêver. Maintenant ce n'est plus possible. La machine — l'ordinateur, le bien nommé! — ne permettra plus de sursaut. Voués à l'extinction nous sommes, écrivains français. Le monde ne nous pardonnera pas nos phrases simples. Petit dialecte débile adapté aux puces, syntaxe d'attaché-case pour faire des sous, d'accord! Tout cela n'est que provisoire... Les langues non stérilisées nous étoufferont sous leur prose

— l'anglais l'a déjà fait dans le domaine des sciences : domaine vital. Demain l'hispano-américain, le slave peut-être, l'arabe si ça se rencontre, produiront les sagas salvatrices, en plus de l'anglais. Encore deux, trois tours de manivelle, et les libraires de nos grandes et petites villes vendront les bouquins directement en américain : textes originaux et traductions d'autres langues confondues. On y veille, allez !... Ouvrages de l'esprit ? On est en train de nettoyer les dernier foyers septiques — sans rigoler...

C'est pas vrai ?... Sale exagération d'un esprit chagrin ? Ce que l'on dit avant : pas demain la veille !... Et puis demain arrive, et c'est trop tard pour réagir. — Nous verrons bien, ô Cassandre ! Bafouée frangine au cheval de bois ! Qui vivra, c'est-à-dire...

Ah ! Si Céline avait un peu résisté !... Lui, si mal en cour. Lui qui ne pouvait pas encadrer Pétain !... Je veux dire, il lui suffisait de l'ouvrir un poil plus haut, avec sa franchise coutumière. De gueuler ses insanités contre le Führer, le Reich, tout ça... On l'alpaguait, c'était du bonheur pour tout le monde! — Ce ne sont pas là suppositions gratuites, il avait parfaitement commencé, en Allemagne même. Invité à discourir, un jour, devant des «Travailleurs volontaires», là-bas, il s'était lancé dans une diatribe contre les Boches qui étaient foutus, soufflant le vent de la débâcle dans les rangs de ses auditeurs — au point qu'il avait fallu des interventions spéciales pour le ramener en France sain et sauf! Un témoin d'époque me l'a raconté, au temps des «Beaux draps».

Ou si seulement une fine crapule avait pu le dénoncer *in extremis* comme complice de l'aide aux Juifs!... Paradoxe? Mais non : ça se pratiquait dans son immeuble. Il connaissait bien l'officine. Il orientait lui-même, parfois, des pauvres hères traqués vers un appartement au-dessous du sien — des Gutman en rupture de Gestapo qui s'égaraient, la mort aux trousses, venaient frapper à sa porte... Il les protégeait de son silence, lui qui avait eu des maîtresses juives : c'était fort passible d'un petit tour de géhenne ça, dans l'humeur du temps ! Si... Si... Bien sûr, avec des si... Si ma tante avait des roulettes, on l'appellerait bois de lit !

A Korsör, là, nous ne parlions déjà ni le danois ni le français. Comme partout, la régression des dialectes... Le garçon est venu tailler la bavette, ses tables une fois joliment arrangées. Les fleurs sur les nappes plissées aux angles, lourdes... Un air de début de fête.

Il a demandé :

— *Why don't you stay for the dance ?*

Pourquoi ne restions-nous pas pour le bal ?... Sa marotte.

Nous montrer la belle soirée... Il nous réserverait une table à deux, dans un coin propice, si nous voulions. Très divertissant ! Des Allemands plein le parquet... Ça s'époustouflerait de rires... Valses ! Musique !... Farandole peut-être !... L'endroit où dansait Lucette, jadis — une ribouldingue à présent, dans cette forêt estivale... Genre *Nord* calorifuge... Des *Ach so!* résonnant de farces hilares...

Rien que des promesses en somme. Nous nous tenions la main, nous étions tentés...

Seulement c'était pas trop dans nos prix... L'argenterie, les nappes traînant jusqu'au sol... Nous étions des artistes pauvres. Coque à demi danseuse, et moi, phrasibulant... Des passants — ça se voyait à nos habits. Saltimbanques... Et puis nous devions arriver à Copenhague assez tôt pour chercher un terrain de camping. Planter la tente... Pas les moyens d'un hôtel... Nous avions déjà niché sur la route, dans la D.S., blottis — ça lasse le dos... Alors il valait mieux qu'on se démanche de là, bien que les après-midi soient longs, là-haut, en juillet...

Pour le bal, tant pis! Une autre fois n'est-ce pas?...

— *Some other time!* a dit ma copine, de l'air que la vie est longue en tout cas.

Nous sommes remontés tout de même vers la porte, jusqu'au perron, pas sans regrets. Embrasser ultime les lieux du regard... Des musiciens étaient arrivés qui ajustaient leur sono. Dommage!

Nous avons dit adieu au garçon, aux soubrettes... Elles se tenaient immobiles, le bout des mains fourré dans leur poche blanche, devant le nombril, en attente... Sourires.

Lucette faisait ses pointes ici. Emmitouflée de tricots... Bal d'une autre sorte... Un dernier coup d'œil à la pièce, longue, profonde... C'était de l'histoire de France, un peu... Ça le sera un jour tout à fait! L'exil de l'erreur. Je le souffle aux historiens... Plus tard, ils se rendront compte, lorsque les plaies seront fermées... La gaffe!

— *Bye-bye!* nous ont dit les filles.

C'était désolant de partir. On s'est arrachés quand même, le chemin est long vers le vague, le douloureux flottement de l'existence.

Avant de monter dans la voiture

Coque a levé le bras vers un coin de la clairière :

— Glaudi, regarde là-haut !

Une ligne électrique passait au-dessus de la route, en fuite. Elle était chargée d'oiseaux... D'autres oiseaux, tout noirs, par centaines, avec des ailes pointues dentelées sur le ciel. Des martinets sans doute. Un alignement incroyable... La ligne en pliait, courbe, à se rompre.

— Peut-être était-ce une manière à eux de signaler le soir ? La fin des efforts aériens dans ces climats où les lueurs s'attardent... Fragiles aussi... Façon de dire qu'ailleurs, en d'autres cieux, il faisait déjà nuit ?...

Ce fut notre dernière vision, ces martinets sur la ligne. La D.S. s'est soulevée, prête à l'envol...

La vie c'est marche ou crève. Le bonheur est un oiseau sauvage posé sur un fil.

www.ingramcontent.com/pod-product-compliance
Lightning Source LLC
LaVergne TN
LVHW010649060726

842527LV00013B/3424